ÊTRE

INDICATIF										
présent		**futur**		**passé composé**			**imparfait**	
je	**suis**	je	**serai**	j'	**ai**	**été**	j'	**étais**
tu	**es**	tu	**seras**	tu	**as**	**été**	tu	**étais**
il, elle, on	**est**	il, elle, on	**sera**	il, elle, on	**a**	**été**	il, elle, on	**était**
nous	**sommes**	nous	**serons**	nous	**avons**	**été**	nous	**étions**
vous	**êtes**	vous	**serez**	vous	**avez**	**été**	vous	**étiez**
ils, elles	**sont**	ils, elles	**seront**	ils, elles	**ont**	**été**	ils, elles	**étaient**

AVOIR

INDICATIF								
présent		**futur**		**passé composé**			**imparfait**	
j'	**ai**	j'	**aurai**	j'	**ai**	**eu**	j'	**avais**
tu	**as**	tu	**auras**	tu	**as**	**eu**	tu	**avais**
il, elle, on	**a**	il, elle, on	**aura**	il, elle, on	**a**	**eu**	il, elle, on	**avait**
nous	**avons**	nous	**aurons**	nous	**avons**	**eu**	nous	**avions**
vous	**avez**	vous	**aurez**	vous	**avez**	**eu**	vous	**aviez**
ils, elles	**ont**	ils, elles	**auront**	ils, elles	**ont**	**eu**	ils, elles	**avaient**

au rythme des mots

CE1

Cycle 2

Étude de la langue

Fabienne Rubens
Professeur des écoles

Hélène Terrat
Conseillère pédagogique

Armelle Vautrot
Professeur d'IUFM

- Révision de sons
- Grammaire
- Orthographe
- Conjugaison
- Vocabulaire

éco responsable
Bordas

Édition : Sophie Legras
Relecture : Véronique Dussidour
Recherche iconographique : Danièle Portaz
Conception couverture : Véronique Lefebvre • Illustration : Fred Multier
Conception maquette intérieure : Langage Graphique
Coordination artistique : Alexandre Millot, Pierre Taillemite
Mise en page : Thomas Winock
Fabrication : Françoise Leroy
Photogravure : Irilys

Avec la collaboration d'Isabelle Charpin

Illustrations :

Benjamin BÉCUE : pp. 12 haut, 14 haut, 15, 17, 23, 28 haut, 33, 36 haut, 37, 38 haut, 39 bas, 43 bas, 48, 56, 67, 74, 75, 77, 84, 85, 87, 98, 99, 109, 110, 111, 124 haut, 125, 126 haut, 132, 133 bas, 138, 141 bas, 142, 150, 151, 154, 157

Stéphanie CHARPIOT : 64

Caroline HÜE : pp. 20 haut, 27, 29 bas, 34 haut, 50, 51, 61, 62, 76, 88, 89, 92, 104, 105, 120, 130, 136, 160, 161, 164

Jérôme SIÉ : pp. 12 bas, 13, 14 bas, 16 bas, 18, 19, 20 bas, 22, 24 bas, 26, 28 bas, 29 haut, 34 bas, 36 bas, 38 bas, 39 haut, 40 bas, 41, 42, 43 haut, 44 bas, 45, 52, 53, 66, 71, 94, 95, 106, 107, 122, 123 bas, 128, 134, 135, 140, 148, 149, 155, 158, 165

Adrien SIROY : tous les pictos, pp. 16 haut, 24 haut, 30, 35, 40 haut, 44 haut, 54, 57, 59, 63, 65, 69, 73, 90, 97, 100, 103, 112, 113, 118, 119, 121, 123 haut, 124 bas, 126 bas, 127, 129, 131, 133 haut, 137, 141 haut, 162, 163

ISBN 978-2-04-732912-2

Préface

La collection « Au rythme des mots » propose aux enseignants des **manuels souples d'utilisation et adaptés à la diversité de niveaux des élèves**. L'enseignant peut **construire ses parcours d'apprentissage** et choisir au rythme de ses séquences parmi un **large éventail d'exercices en révision de sons, grammaire, conjugaison, orthographe et vocabulaire**.
Une **programmation des différentes leçons sur 5 périodes** est proposée en pages 8-9. Elle donne des repères annuels pour mettre en œuvre la progressivité des apprentissages.

Chaque leçon est construite sur un **schéma identique** et permet de progresser efficacement :
– une **courte activité d'enrichissement lexical** en lien avec la situation de découverte,
– **une découverte de la notion par la manipulation**, à partir de **supports de découverte variés** (textes variés, dessins...),
– **une formulation simple de la règle**,
– **des exercices d'entraînement variés, classés par compétences du Socle commun**,
– **un réinvestissement de la notion en lecture et en écriture**.

Pour répondre aux spécificités de la classe de CE1, nous avons fait les choix suivants :
– la **présence d'une partie Révision de sons progressive**, pour consolider l'apprentissage de la lecture,
– visuellement, une **présentation aérée, en pleine page**, afin de **faciliter le repérage**,
– une **construction des savoirs axée sur la manipulation** : les premiers apprentissages formels de la langue se font de manière **active** et **dynamique**,
– une **organisation spécifique des exercices d'entraînement** : chaque compétence est travaillée dans **1 exercice collectif**, permettant d'aborder les points principaux, puis **2 exercices proposant, à partir d'une même consigne, deux niveaux de difficulté repérés par * et ****.

Des **pages de révision** permettent de revoir les différentes notions et peuvent servir de préparation aux **évaluations disponibles sur le CD-Rom**. Les **dictées préparées** des leçons sont réunies en fin de domaine. Elles permettent de progresser en orthographe tout au long de l'année, et réinvestissent le mot du jour de chaque leçon.

Une attention particulière a été portée au **plaisir des élèves** : le manuel se veut attractif, avec des supports variés et stimulants, des illustrations gaies, des exercices motivants.

Le **livre du maître accompagné d'un CD-Rom** est **un outil simple et efficace pour accompagner et personnaliser les pratiques de classe.** L'enseignant trouvera :
– **dans le Livre du maître :** des commentaires didactiques, les corrigés des exercices ;
– **dans le CD-Rom** (voir page 10) : de **nombreuses ressources imprimables**, dont le matériel nécessaire pour mener à bien les activités de manipulation.

Les auteurs

Les leçons

Le titre de la leçon

Une activité d'**enrichissement du lexique**

Des **supports de découverte variés :** textes, dessins...

je cherche
Une découverte de la notion par la **manipulation**

j'apprends
Une **formulation simple** de la règle

je m'exerce à mon rythme
Des exercices classés **par compétences**

La phrase

Le mot du jour
la pêche
Faire émerger la définition.
Trouver des mots de la même famille.

1. mamie, m'amuse je bien
2. Chère mamie, ici je m'amuse bien
3. Chère mamie, ici je m'amuse bien.
4. chère mamie, ici je m'amuse bien

je cherche Matériel

a. Lis la carte que Max écrit à sa grand-mère.
Quelle phrase est correcte parmi les quatre proposées ?
Pourquoi les autres ne sont-elles pas correctes ?

b. Écris la seconde phrase de la carte postale en utilisant les étiquettes suivantes :

sommes | à | nous | la | pêche | . | allés | Hier

j'apprends

- Une phrase est une **suite de mots** qui a **un sens.**
Elle commence par une **majuscule** et finit par un **point.**
Ma sœur range ses vêtements dans son placard.
- Il existe différents types de points : le **point** (.), le **point d'interrogation** (?), le **point d'exclamation** (!), les **points de suspension** (...).

48

Grammaire

je m'exerce à mon rythme +EXOS

1 **Reformule la règle.**
Une phrase a un ... . La phrase commence par ... et finit par ... .

Reconnaître les phrases

2 COLLECTIF **Recopie les phrases.**
- Partent vacances.
- Je viens avec toi.
- Cherchons hamster.
- Nous allons à la campagne.
- Moment s'énervent eux.
- Il lui donne ce qu'elle a demandé.
- Lendemain achète robe.
- Samedi prochain, nous irons au parc.

Disponible sur le CD-Rom qui accompagne le Livre du maître (voir également page 10) :

Matériel du **matériel prêt à l'emploi** pour la manipulation

Grammaire - La phrase
Matériel

sommes | à | nous | la
pêche | . | allés | Hier

+EXOS des **exercices supplémentaires personnalisables** et **imprimables**

Grammaire

3 **Recopie en ajoutant les points qui manquent à la fin des phrases.**
* Mon frère ouvre son cadeau Il est très content C'est une raquette de tennis
** Je me demande si Amélie a des billes Je vais le lui demander Puis nous pourrons aller jouer avec Maxime dans le jardin

4 **Indique combien il y a de phrases dans chaque texte.**
* Nous partons à la mer. Il faut prendre les maillots de bain. Il faut penser aussi aux pelles, aux râteaux et aux seaux.
** Maman déballe le pique-nique pour ce midi : nous allons nous régaler ! Nous étendons la nappe... Mais tiens, où est passé le soleil ?

Former des phrases

COLLECTIF
5 **Écris le plus de phrases possible avec les mots suivants.**
le – la – chat – chien – souris – mange – poursuit – dans – la – le – cave – jardin – regarde

6 **Recopie en ajoutant les majuscules et les points.**
* • mon cousin fait un gâteau • la maîtresse répare l'ordinateur
• papa plie les habits • le policier poursuit les voleurs
** les enfants sont rentrés hier de colonie de vacances ils sont ravis de retrouver leur maison ils retournent à l'école dès le lendemain matin

7 **Recopie les mots dans l'ordre pour obtenir des phrases. N'oublie pas les majuscules et les points.**
* • Tu – sage. – très – es • yeux. – Elle – les – ouvre
• des – lisons – journaux. – Nous • fatiguée. – vraiment – Je – suis
** • au – demain – nous – zoo – irons • à – la – cassée – machine – est – laver
• pluie – dehors – la – très – tombe – fort • regarde – je – à – match – télé – le – la

49

Je repère dans un texte

8 **Lis ce texte, puis indique combien il y a de phrases et combien il y a de lignes.**
La répétition est enfin terminée. Noémie se dépêche de rentrer chez elle. Il est temps d'enfiler son costume de scène. Mais le trac commence à l'envahir.
Il est 19 heures. Tout est en place. Les spectateurs arrivent. Derrière le rideau, la tension monte. Noémie jette un coup d'œil inquiet sur le public.

Virginie BODA, *Une étoile est née*, Les copains de la forêt, Éd. Hachette.

J'écris

9 **Décris cette photo en une phrase.**

Une présentation en pleine page pour **faciliter le repérage** et la lecture des élèves

Pour chaque compétence :
– 1 exercice collectif
– 2 exercices avec une consigne et deux niveaux de difficulté, pour **mieux gérer l'hétérogénéité de la classe**

Je repère dans un texte
Un exercice de repérage dans un texte littéraire ou documentaire, pour **revoir la notion en contexte**

J'écris
De l'expression écrite guidée, pour **réinvestir les acquis**

5

Les révisions

Plusieurs pages de **Révision** par domaine, organisées par notion

Des **évaluations** construites sur le même modèle sont proposées sur le CD-Rom

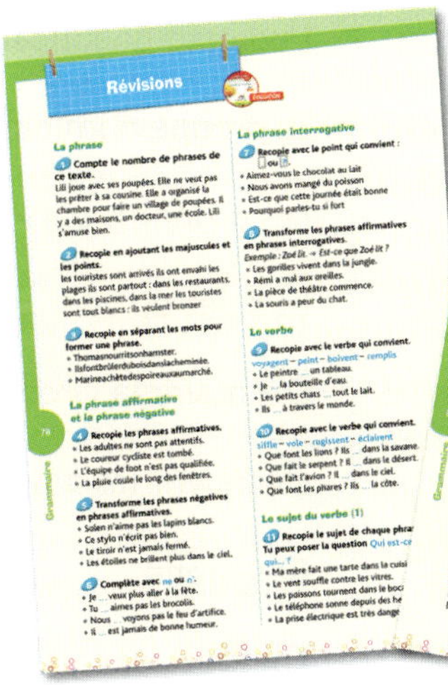

Les dictées

En Révision de sons, Grammaire, Conjugaison et Orthographe, une **dictée préparée** est proposée pour chaque leçon

Sommaire

CONJUGAISON

ORTHOGRAPHE

VOCABULAIRE

Suggestion de programmation

	Révision de sons	Grammaire
Période 1	Les sons [o] et [ɔ] Le son [s] Le son [z] Le son [k]	La phrase Le verbe Le sujet du verbe (1)
Période 2	Le son [e] Le son [ɛ] Le son [f] Le son [wa] Le son [ʒ] Le son [g] Le son [ɲ]	La phrase affirmative et la phrase négative La phrase interrogative
Période 3	Le son [ɔ̃] Le son [ɑ̃] Le son [ɛ̃] Les sons [ø] et [œ] Le son [j]	Les noms communs et les noms propres Les déterminants Le genre des noms Le nombre des noms
Période 4	Les sons [aj], [ɛj], [œj], [uj]	L'adjectif qualificatif Le groupe nominal Les pronoms personnels sujets Le sujet du verbe (2)
Période 5		Découvrir la circonstance Découvrir les adverbes

Conjugaison	Orthographe	Vocabulaire
Passé, présent, futur	La lettre *s* La lettre *c*	L'ordre alphabétique (1) L'ordre alphabétique (2)
L'infinitif du verbe Les personnes de la conjugaison	Les accents sur la lettre *e* La lettre *g*	Se repérer dans le dictionnaire
Identifier le présent Conjuguer les verbes en *-er* au présent	*m* devant *m*, *b*, *p* Le féminin des noms Le pluriel des noms	Lire un article de dictionnaire
Conjuguer *être* et *avoir* au présent Conjuguer *faire* et *aller* au présent Conjuguer *dire* et *venir* au présent	L'accord de l'adjectif : masculin ou féminin L'accord de l'adjectif : singulier ou pluriel L'accord dans le groupe nominal L'accord du verbe avec son sujet	Les familles de mots Les contraires
Identifier le futur Conjuguer les verbes en *-er* au futur Conjuguer *être* et *avoir* au futur Identifier le passé composé Conjuguer les verbes en *-er* au passé composé Conjuguer *être* et *avoir* au passé composé Identifier l'imparfait	Les mots invariables *a*, *à* *est*, *et*	Les synonymes Les différents sens d'un mot

Livre du maître et CD-Rom

Le livre du maître avec CD-Rom accompagnant ce manuel comporte :
- la **fiche de préparation guidée** pour mettre en œuvre chaque leçon du manuel,
- les **corrigés des exercices** du manuel,
- un **CD-Rom** contenant de nombreuses ressources imprimables.

Nous souhaitons ainsi apporter une aide précieuse à l'enseignant dans la gestion de l'hétérogénéité de la classe.

Le CD-Rom Mac/PC *Au rythme des mots* CE1 contient :
- Du **matériel** pour mener à bien les activités de manipulation.
- Des **fiches d'exercices supplémentaires** pour chaque leçon du manuel. Ces exercices sont personnalisables, ont deux niveaux de difficulté et permettent la mise en place d'une pédagogie différenciée.
- Des **évaluations prêtes à l'emploi**.
- Les **corrigés des exercices du manuel**.
- Des **annexes** imprimables (tableaux, etc.) pour **faciliter le travail en classe**.

Un CD-Rom pour la mise en place d'une pédagogie différenciée

+ de 100 exercices supplémentaires !

Une utilisation simple et pratique

- Un rangement des ressources par domaine, puis par leçon.
- Des ressources disponibles **(prêtes à l'utilisation et à l'impression)** :
  - en fichier PDF,
  - et en fichier Word.

Ainsi, l'enseignant pourra **créer ses propres exercices** et les **adapter à sa classe**.

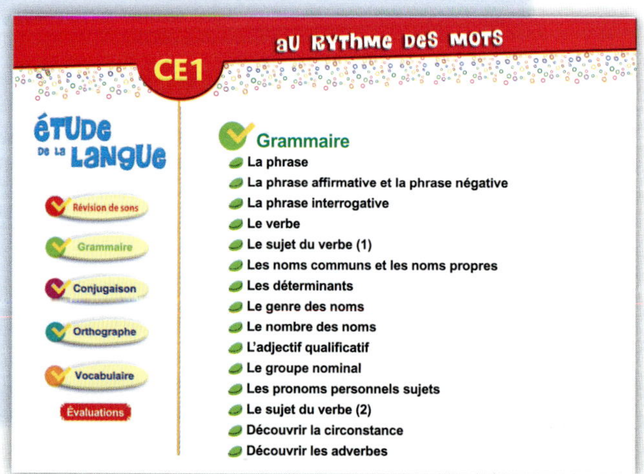

Révision de sons

Les sons [o] et [ɔ]

Le défi son

Trouver le plus de mots possible contenant les sons [o] ou [ɔ], les classer au tableau selon leur graphie.

Grosse pluie

La pluie en averse drue
tombe, gicle, fait des sauts
sur les pavés de la rue
et gonfle les ruisseaux.

60 poésies et 60 comptines, Éd. Centurion Jeunesse.

Je cherche

a. **Retrouve dans la poésie les trois mots contenant le son [o].**

b. **Quelles lettres permettent de former le son [o] dans ces mots ?**

c. **Dans les mots « tombe » et « gonfle », entends-tu le son [o] ?**

J'apprends

Les sons [o] ou [ɔ] s'écrivent :

souvent **o**	parfois **au**	rarement **eau**
le piano, un robot, une école	*une épaule, le préau, faux*	*le cadeau, le rideau*

Je m'exerce à mon rythme

+EXOS

1 **Reformule la règle.**
Les sons [o] ou [ɔ] peuvent s'écrire avec les lettres **o**, **au** ou … .

Retrouver les sons [o] ou [ɔ] dans un mot

2 COLLECTIF **Prononce les mots correspondant aux dessins.**
Quels mots contiennent les sons [o] ou [ɔ] ?

3 **Recopie les mots où tu entends les sons [o] ou [ɔ].**

* un marteau • un chant • idiot • un morceau • la forêt • jaune • un renard

** un chameau • un pont • un os • le poisson • un kangourou • un poussin • des animaux • un drapeau • une biscotte • un coin

4 **Recopie les mots et entoure les lettres qui font les sons [o] ou [ɔ].**

* un oiseau • une bosse • un chapeau • octobre • le trésor • poser • beau

** un hélicoptère • un poteau • un cochon • du coton • un fauteuil • un crocodile • un lionceau • un veau

Différencier les façons d'écrire les sons [o] ou [ɔ]

COLLECTIF

5 **Prononce les mots correspondant aux dessins. Essaie de les écrire. Classe-les avec tes camarades.**

6 **Recopie chaque liste et barre l'intrus.**

* **a.** bateau • râteau • couteau • chaussure

b. gorille • matelot • crapaud • lavabo

** **c.** agneau • restaurant • landau • faucon

d. sauter • préau • bureau • artichaut

7 **Recopie et complète avec o, au ou eau.**

* un trés...r • un ...s • un artich...t • un cad... • une ép...le • p...ser • une b...sse • un f...con • un c...chon

** • Le cham... et le crap...d sont des anim...x.
• Ce r...b...t sait jouer du pian... .
• Élise a un b... chap... j...ne.
• Le g...rille vit dans la f...rêt.

Je repère dans un texte

8 **Lis le texte. Recopie au moins six mots contenant les sons [o] ou [ɔ].**

C'était une vieille, très vieille sorcière. Elle habitait une maisonnette au fond des bois, près de la source des Trois-Rochers.

Un jour, un jeune homme passa devant sa fenêtre.

Il était beau. Plus beau que les princes des contes de fées.

Et bien plus beau que les cow-boys des publicités télévisées.

La vieille sorcière fut émue, tout d'abord, puis troublée, et enfin amoureuse.

Bernard FRIOT, *La sorcière est amoureuse*, Histoires pressées, Éd. Milan.

J'écris

9 **Trouve plusieurs mots contenant les sons [o] ou [ɔ] dans cette peinture. Écris au moins deux phrases avec ces mots.**

Édouard MANET, *La barque*, 1874.

Le son s

Le défi son

Trouver le plus de mots possible contenant le son [s], les classer au tableau selon leur graphie.

Je cherche

+ Matériel

a. **Dans l'illustration, retrouve les cinq mots contenant le son [s].**

b. **Remets les lettres dans l'ordre pour écrire ces mots :**

un r-g-ç-a-n-o • un a-p-n-s-i • une s-e-s-a-t • un t-c-r-i-n-o • un r-u-s-o

Quelles lettres permettent de former le son [s] dans ces mots ?

c. **Dans le mot « addition », quelle lettre forme le son [s] ?**

J'apprends

Le son [s] s'écrit :

souvent	parfois		rarement	
s	c devant e, i, y	ss entre deux voyelles	ç devant a, o, u	t devant i
le soleil, la poste, un ours	*cent, le citron, un cygne*	*un bassin, une brosse*	*ça, une balançoire, un reçu*	*attention, patient*

Je m'exerce à mon rythme

+EXOS

1 **Reformule la règle.**

Le son [s] peut s'écrire avec les lettres … , … , … , ç et t.

Retrouver le son [s] dans un mot

COLLECTIF

2 **Nomme les dessins. Dans quels mots entends-tu le son [s] ?**

3 Recopie les mots où tu entends le son [s].

* un sabot • la niche • une veste • dans • une balançoire • du sucre • la glace

** un costume • le matin • une solution • un dessert • un hameçon • un concert • une potion • la science • du béton • un désert • un potiron • scolaire

4 Recopie, puis entoure les lettres qui font le son [s].

* un soldat • une façade • un disque • une farce • la maîtresse • un sac • le cinéma • la récréation • le destin • un poussin • une addition

**
- Le garçon écoute la suite de l'histoire.
- L'illustration de ces deux poissons est superbe.
- Mets deux glaçons dans ta tasse pour avoir du thé glacé !

Différencier les façons d'écrire le son [s]

COLLECTIF

5 Utilise ces étiquettes pour trouver le plus de mots possible :

ci- | sa- | -asse | -esse | -çon | -çois | -ce | -tion

Exemple : -tion → collection

6 Reproduis le tableau et classe les mots.

J'entends [s]				
Je vois s	Je vois ss	Je vois c	Je vois ç	Je vois t
...	...	...	...	...

* un tissu • du savon • une grimace • un ours • la lessive • sauter • du cristal • le ciel • les vacances • une cigale

** une estrade • la permission • le couscous • une boussole • un hameçon • un incendie • la natation • un médecin • la façade • l'impatience • l'escalier

7 Recopie et complète avec s, ss, c, ç ou t.

* • un hame...on • une bro...e • un pou...in • une ...igale • un méde...in

**
- Le ...oleil brille dans le ...iel.
- Ce gar...on ...aute dans l'e...calier.
- Les poi...ons nagent dans le ba...in.
- J'ai trouvé la solu...ion.

Je repère dans un texte

8 Lis le texte. Recopie au moins huit mots contenant le son [s].

À bord du *Sans Pitié*, Sam frotte le pont sous un soleil de plomb. Assis sur un tonneau, Jack l'Édenté ricane :

— Hé, la crevette, n'oublie pas les trois cents boulets de canon à ranger et la barre à astiquer ! [...]

Sam obéit, enfin, il essaie... Les boulets n'arrêtent pas de rouler, il casse l'hameçon à requin, et la barre se dévisse sous ses doigts.

Pascale HÉDELIN, *Le trésor de Sabre-Noir*, J'apprends à lire, Milan Presse.

J'écris

9 Écris une phrase contenant ces trois mots : classe, sortie, cinéma.

Le son [z]

Le défi son

Repérer la syllabe commune aux mots prononcés. Puis faire écrire les mots au tableau et les classer.

Je cherche

+ Matériel

a. **Écris les mots correspondant aux dessins en remettant les lettres dans l'ordre. Quel son ont-ils en commun ?**

b. **Quelles lettres permettent de former le son [z] dans ces mots ?**

c. **Observe les lettres qui entourent le s dans les mots « bison » et « oiseau ». Que remarques-tu ?**

J'apprends

Le son [z] s'écrit :

souvent **s** entre deux voyelles	parfois **z**	rarement **x**
une rose, un oiseau	*Zoé, le lézard, le gaz*	*dixième*

Je m'exerce à mon rythme

+ EXOS

1 **Reformule la règle.**
Le son [z] peut s'écrire avec les lettres … , … ou x.

Retrouver le son [z] dans un mot

COLLECTIF

2 **Nomme les dessins. Dans quels mots entends-tu le son [z] ?**

3 **Recopie chaque liste et barre l'intrus.**

* **a.** un vase • une framboise • une chose • une bécasse • un cousin
b. bizarre • l'horizon • zéro • vous parlez • une zone

** **c.** sixième • un zèbre • arroser • un saxophone • la jalousie
d. une valise • du jazz • refuser • seizième • une histoire • une azalée

4 **Recopie, puis entoure les lettres qui font le son [z].**

* treize • la fusée • le zoo • viser • le trésor • le gaz • une prison • une fraise

** • Surprise ! J'ai cuisiné un nouveau plat : une pizza à la cerise.
• J'adore me déguiser avec des habits bizarres et me maquiller le visage.
• Il y a toujours du désordre dans cette maison : quand allez-vous ranger ?

Différencier les façons d'écrire le son [z]

COLLECTIF

5 **À l'oral, classe les mots dans le tableau.**

J'entends [z]		
Je vois s	Je vois z	Je vois x
…	…	…

onze • la rose • la dizaine • le dixième • le trapéziste • le gazon • une ardoise • un musée • une douzaine • sixième • dangereuse • une chemise • le paysan

6 **Recopie et complète avec s ou z.**

* une fu…ée • une pri…on • trei…e • un mu…ée • cui…iner • bi…arre • l'hori…on

** • J'ai rangé mes chemi…es dans ma vali…e ro…e.
• Le pay…an arro…e ses frai…es et ses framboi…es le soir tombé.
• Le lé…ard a glissé sous les ardoi…es de la mai…on.

7 **Réponds aux devinettes avec des mots contenant le son [z].**

* • C'est l'herbe devant la maison → le _ _ _ _ _
• C'est un animal rayé noir et blanc → le _ _ _ _ _
• C'est ce que cherche le pirate → le _ _ _ _ _ _

** • C'est la fille de mon oncle → ma …
• C'est le résultat de dix moins dix → …
• C'est l'autre nom de la figure → le …

Je repère dans un texte

8 **Lis le texte, puis retrouve et recopie les mots qui font le son [z].**

Le bonhomme qui vient d'emménager dans la maison noire, la maison d'à côté, a une allure bizarre. Des cheveux sombres en bataille, des sourcils en broussaille et un menton pointu. De longues dents, de vraies dents de loup qui grincent pendant la nuit quand le vent souffle sur les toits. Je l'ai vu comme je vous vois !

Ann ROCARD, *L'étrange Monsieur Garou*, Éd. Flammarion.

J'écris

9 **Dans chaque dessin, trouve deux mots contenant le son [z]. Puis écris une phrase sur chaque dessin en utilisant ces mots.**

Le son [k]

Le défi son

Trouver le plus de mots possible contenant le son [k], les classer au tableau selon leur graphie.

Ingrédients :

– quatre poils de kangourou
– un kilo de carottes

Potion magique de kangourou

1. Capturer un kangourou et lui arracher quatre poils.
2. Couper les carottes en rondelles.
3. Cuisiner les carottes en ajoutant les poils de kangourou.
4. Manger à cinq heures du matin. Vous bondirez de joie jusqu'au soir !

Je cherche

a. Lis les mots en rouge. Quel son ont-ils en commun ?
b. Quelles lettres permettent de former le son [k] dans ces mots ?
c. Observe les mots où la lettre c produit le son [k].
Quelles lettres vois-tu après le c ?

J'apprends

Le son [k] s'écrit :

souvent			rarement	
c devant a, o, u ou une consonne	**qu**	**k**	**q** en fin de mot	**ch**
une course, récupérer, crier	*quand, une équipe, un disque*	*un kangourou, un kilo*	*un coq, cinq*	*un orchestre, une chorale*

Je m'exerce à mon rythme

+EXOS

1 **Reformule la règle.**
Le son [k] peut s'écrire avec les lettres … , … , … , q et k.

Retrouver le son [k] dans un mot

COLLECTIF

2 **Nomme les dessins. Quels mots font le son [k] ?**

3 **Recopie les mots où tu entends le son [k].**

* une école • un képi • une poire • un disque • quinze • une table • un écran

** un carton • décider • un calendrier • le vainqueur • une chemise • un orchestre

4 **Recopie, puis entoure les lettres qui font le son [k].**

* pourquoi • un clou • une mécanique • une équipe • une cabane • un kiwi • compliqué • une corde • une raquette

** • Les Esquimaux et les phoques supportent un climat très froid.
• La chorale chante dans le kiosque à musique.

Différencier les façons d'écrire le son [k]

COLLECTIF

5 **Écris les mots qui correspondent aux dessins.**

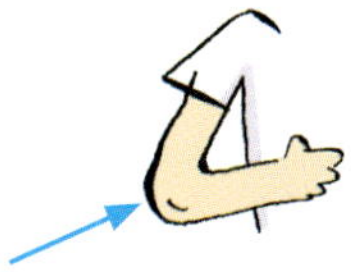

6 **Reproduis le tableau et classe les mots.**

J'entends [k]				
Je vois c	Je vois qu	Je vois q	Je vois k	Je vois ch
...	...	...	...	...

* une banque • un élastique • un kiwi • un bec • escalader • cinq • un écho • un casque • un perroquet • avec • une locomotive

** • Véronique a quitté le vieux quartier de la ville pour la campagne.
• Kévin s'est cassé la jambe, il se déplace avec des béquilles.
• Corinne a revêtu son kimono pour sa séance de karaté.

7 **Recopie et complète avec c ou qu.**

* une é...ipe • du ...arton • un pho...e • un ...lou • une ...abane • une ra...ette • un ...alendrier • un perro...et • un be...

** • Le vain...eur de la ...ourse est arrivé à ...inze heures.
• La lo...omotive a une mé...ani...e ...ompli...ée !
• Léo es...alade le mur ave... une ...orde et un ...as...e.

Je repère dans un texte

8 **Lis ce texte. Recopie au moins six mots contenant le son [k].**

Je m'appelle Nadlouk, et je suis fier d'être Esquimau : j'aime mon beau pays sauvage et glacé. Je vis dans un petit village de l'Alaska, où je suis né il y a treize ans. Je ne vois la belle eau bleue que trois ou quatre mois par an, de juin à septembre. Le reste de l'année, l'océan Arctique est recouvert par la banquise, une épaisse couche de glace, tandis que mon village est enfoui sous la neige.

Jean-Claude BERRIER, *Nadlouk, le petit Esquimau*, D.R.

J'écris

9 **Écris une phrase avec chaque paire de mots :**

a. le carnaval, une cape.

b. un coq, un perroquet.

Le son [e]

Le défi son
Trouver le plus de mots possible contenant le son [e], les classer au tableau selon leur graphie.

C'est la rentrée

Cartable nouveau,
Joli manteau.
Livres, cahiers
Et beau plumier…
Cloche a sonné,
Un gros baiser,
Il faut y aller :
C'est la rentrée !

Christian MERVEILLE, *Sur le bout des doigts*, Label ZBR.

Je cherche

a. **Dans la poésie, retrouve les sept mots qui contiennent le son [e].**

b. **Quelles lettres permettent de former le son [e] dans ces mots ?**

c. **Dans la phrase « Vous restez chez vous ! », quels mots contiennent le son [e] ? Quelles lettres forment ce son ?**

J'apprends

Le son [e] s'écrit :

souvent	parfois	
é	er en fin de mot	ez en fin de mot
le vélo, une poupée, elle a sonné, l'école	*le plumier, un baiser, aller, le boulanger*	*vous rentrez, le nez, chez, assez*

On écrit aussi : • *et* • *les, des, mes, tes…* • *le pied*

Je m'exerce à mon rythme

+EXOS

1 **Reformule la règle.**
Le son [e] peut s'écrire avec les lettres … , … ou … .

Retrouver le son [e] dans un mot

COLLECTIF

2 **Nomme les dessins. Indique où se trouve le son [e] dans chaque mot : au début, au milieu ou à la fin ?**

3 Recopie les mots où tu entends le son [e].

* un pré • l'été • une robe • une épine • un métier • du riz • un écureuil

** un héron • un escargot • vous dormez • prendre • les souliers • la mer

4 Recopie, puis entoure les lettres qui font le son [e].

* la fumée • le nez • un café • la saleté • chanter • un pommier • un caméléon

** • Les élèves vont au cinéma voir un dessin animé.
• Les ouvriers sortent de l'atelier par le petit escalier.
• Avez-vous une idée à écrire sur votre cahier ?
• Que voulez-vous manger pour le dîner ?

Différencier les façons d'écrire le son [e]

COLLECTIF

5 Pour chaque mot, indique où tu entends le son [e] et comment il s'écrit.

Exemple : un bébé → Le son [e] est au milieu et à la fin du mot. Il s'écrit é.

un calendrier • vous partez • le ménage • l'amitié • un grenier • du blé • la méchanceté • se coucher • la récréation • un pêcher • c'est assez

6 Remets les syllabes dans l'ordre pour obtenir à chaque fois quatre mots avec le son [e].

* • pé-ca-na • vi-de-nez • lier-a-te • bou-ger-lan

** pou-bou-pée-cher-tez-vé-té-par-ri

7 Recopie et complète avec é, er ou ez.

* un ...l...phant • vous dorm... • un ...lève • une poup...e • un cahi... • le greni... • vous arriv... • du caf... • ...crire • un m...ti... • le cam...l...on

** • Vous ramass... les fruits du pommi... et du pêch... à la fin de l'...t... .
• Vous n'av... pas fait le m...nage dans l'escali..., quelle salet... !

Je repère dans un texte

8 Lis le texte. Recopie au moins six mots contenant le son [e].

En allant à l'école, le matin, Charlie pouvait voir les grandes tablettes de chocolat empilées dans les vitrines. Alors il s'arrêtait, les yeux écarquillés, le nez collé à la vitrine, la bouche pleine de salive. Plusieurs fois par jour, il pouvait voir les autres enfants tirer de leur poche des bâtons de chocolat pour les croquer goulûment[1]. Ce qui, naturellement, était pour lui une véritable torture.

Roald DAHL, *Charlie et la chocolaterie*, trad. E. GASPAR, © Éd. Gallimard.

1. *goulûment* : avec gourmandise.

J'écris

9 Trouve deux mots contenant le son [e] dans cette photo. Écris une phrase avec ces mots.

Le son [ɛ]

Le défi son

Trouver le plus de mots possible contenant le son [ɛ], les classer au tableau selon leur graphie.

Le mâle et la **femelle** moineau mesurent tous les deux 15 **centimètres** et **pèsent** 30 grammes. **Mais** ils ont un plumage différent. Apprends à les **reconnaître** !

Le mâle
Sa nuque **est** rousse. Il a une calotte gris foncé sur la **tête**.
Il a une **belle bavette** noire sur la gorge.

La femelle
Elle a un **bec** gros et conique, comme le mâle, **mais** plus **clair**. Elle a la poitrine **beige** uni.

Images Doc n° 196, Bayard Presse.

Je cherche

a. **Lis les mots en rouge. Quel son ont-ils en commun ?**

b. **Repère les différentes façons d'écrire le son [ɛ]. Combien y en a-t-il ?**

J'apprends

Le son [ɛ] s'écrit :

souvent		parfois		
e devant une consonne	**ai**	**è**	**ê**	**ei**
une fourchette, la mer	*le balai, la maison*	*la vipère, la mère*	*la tête, la guêpe*	*la reine, la neige*

On écrit aussi • **-et** en fin de mot → *le poulet* • **est** → *Jules* ***est*** *grand.*

Je m'exerce à mon rythme

+EXOS

1 **Reformule la règle.**
Le son [ɛ] peut s'écrire avec les lettres … , … , è, … ou … .

Retrouver le son [ɛ] dans un mot

COLLECTIF

2 **Nomme les dessins. Indique où se trouve le son [ɛ] dans chaque mot : au début, au milieu ou à la fin ?**

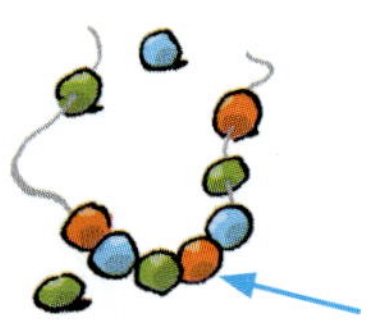

3 Recopie en classant les mots en deux colonnes : J'entends [ɛ] / J'entends [e].

* une forêt • une chèvre • une fée • un mètre • une épée • un baromètre

** le rocher • hier • la fumée • une lettre • le fer • un secret • un panier • une sieste

4 Recopie, puis entoure les lettres qui font le son [ɛ].

* une omelette • l'adresse • une averse • une chaise • une tempête • une flèche • le rêve • le geste • du caramel • un balai

** Pierre est embêté, il s'est perdu à cause de la neige. Il appelle son père pour lui demander de l'aide. Il va suivre les flèches sur le plan pour retrouver sa maison.

Différencier les façons d'écrire le son [ɛ]

COLLECTIF

5 Remets les syllabes dans l'ordre pour obtenir des mots contenant le son [ɛ].

ret-bé • gnée-rai-a • te-fê • ne-mai-se • lei-ba-ne • gle-rè • ne-chê • bre-zè

6 Reproduis le tableau et classe les mots.

J'entends [ɛ]				
Je vois e	Je vois è	Je vois ê	Je vois ai	Je vois ei
...	...	...	...	...

* du lait • la richesse • freiner • une dizaine • un bec • un rêve • une araignée • une fenêtre • un piège • une rivière • la neige • une lettre • frais

** Pour la fête de Michèle, sa mère prépare une tarte aux fraises, avec une crème légère comme de la neige ! La fillette mange le dessert jusqu'à la dernière miette.

7 Recopie et complète avec...

* **è ou e :** du caram...l • de la cr...me • une rivi...re • une av...rse • un barom...tre • un pi...ge • la si...ste • une adr...sse

** **ei, ai ou ê**

- Léo a peur des gu...pes et Léa a peur des ar...gnées.
- En hiver, papi bal...e la n...ge devant sa m...son.
- La temp...te gronde dans la for...t.

Je repère dans un texte

8 Lis ce texte. Recopie au moins cinq mots contenant le son [ɛ].

La sorcière Bergamote habite dans une clairière, une pauvre maison avec une porte et des fenêtres tordues. Bergamote est laide mais très gentille, contrairement aux autres sorcières. Elle se sert si rarement de sa magie pour accomplir des maléfices que ses pouvoirs ont diminué.

« Une sorcière pas comme les autres », *Les contes pour enfants du monde*, www.contes.biz.

J'écris

9 Trouve trois mots contenant le son [ɛ] dans le dessin. Puis écris une phrase avec ces mots.

Le son [f]

Le défi son
Lever la main quand le mot prononcé contient le son étudié.

Je cherche

+ Matériel

a. Nomme les mots représentés par les dessins. Quel son ont-ils en commun ?

b. Remets les lettres dans l'ordre pour écrire ces mots :

un d-h-u-a-n-p-i • un a-f-n-t-m-ô-e • une u-f-e-r-o-t-c-h-t-e • un h-a-p-r-e

c. Quelles lettres permettent de former le son [f] dans ces mots ?

J'apprends

Le son [f] s'écrit :

souvent **f**	parfois **ph**
*la **f**umée, une **f**ée, du ca**f**é*	*un élé**ph**ant, un dau**ph**in, le télé**ph**one*

On écrit parfois **ff** → *a**ff**olé, des a**ff**aires*

Je m'exerce à mon rythme

+ EXOS

1 Reformule la règle.
Le son [f] peut s'écrire avec les lettres … ou … .

Retrouver le son [f] dans un mot

COLLECTIF
2 Nomme les dessins. Dans quels mots entends-tu le son [f] ?

3 Recopie les mots quand tu entends le son [f].

* la voix • la ville • une fois • frais • la fin • une file • vrai • le vin

** un fleuriste • l'alphabet • un ventilateur • une avalanche • la géographie • refroidir • la signature

4 **Recopie en choisissant la lettre ou le mot qui convient.**

* une (*v/f*)ourchette • une (*f/v*)ourmi • un (*gn/ph*)oque • l'al(*ph/ch*)abet

** • L'oiseau (*vole/folle*).
• Ils nous (*vont/font*) peur.
• J'ai lu la (*fin/vin*) de ce livre.
• Je (*vais/fais*) partir en voyage.

Différencier les façons d'écrire le son [f]

COLLECTIF

5 **Pour chaque mot, indique où tu entends le son [f] et comment il s'écrit.**

Exemple : Afrique → Le son [f] *est au milieu du mot. Il s'écrit* ***f****.*

un chef • le phoque • l'orthographe • une phrase • difficile • un fleuve • une fleur • une flamme • affamé • une fille • des affaires • un buffet • un fruit

6 **Reproduis le tableau et classe les mots.**

J'entends [f]		
Je vois f	Je vois ph	Je vois ff
…	…	…

* une étoffe • un éléphant • une fée • la fête • une affiche • le fer • le feu • un bifteck • une photo • un enfant • un fromage

** • Ce film a fait beaucoup d'entrées.
• Christophe a fini de lire ce paragraphe.
• Les arbres sont touffus dans cette forêt.
• Ce téléphone sonne très fort.

7 **Recopie et complète avec f, ph ou ff.**

* un …leuve • le …er • le dau…in • une …ille • une …oto • l'al…abet • une …leur • un en…ant • le télé…one

** • La …umée de ce …eu se voit de loin.
• Christo…e a écrit toutes les …rases avec la bonne orthogra…e.
• Pourrais-tu ranger tes a…aires ? Ce n'est pas si di…icile !
• Après ce bon bi…teck, veux-tu du …romage ou un …ruit ?

Je repère dans un texte

8 **Lis le texte. Recopie les quatre mots contenant le son [f].**

Ce matin, nous sommes tous arrivés à l'école bien contents, parce qu'on va prendre une photo de la classe, qui sera pour nous un souvenir que nous allons chérir toute notre vie, comme nous l'a dit la maîtresse. […]

Le photographe était là aussi, avec son appareil, et la maîtresse lui a dit qu'il fallait faire vite, sinon nous allions rater notre cours d'arithmétique.

René GOSCINNY et Jean-Jacques SEMPÉ, *Le petit Nicolas*, Éd. Denoël.

J'écris

9 **Écris une petite histoire avec les mots suivants : la finale, le football, un sifflet, une faute, difficile, une catastrophe.**

Le son [wa]

Le défi son
Lever la main quand le mot prononcé contient le son étudié.

Le tamanoir

Avez-vous vu le tamanoir ?
Ciel bleu, ciel gris, ciel blanc, ciel noir.
Avez-vous vu le tamanoir ?
Œil bleu, œil gris, œil blanc, œil noir.
Avez-vous vu le tamanoir ?
Vin bleu, vin gris, vin blanc, vin noir.
Je n'ai pas vu le tamanoir,
Il est rentré dans son manoir,
Et puis avec son éteignoir,
Il a coiffé tous les bougeoirs.
Il fait tout noir !

Robert DESNOS, *Chantefables et Chantefleurs*, Éd. Gründ.

Je cherche

a. **Dans la poésie, retrouve les mots contenant le son [wa].**
b. **Quelles lettres permettent de former le son [wa] dans ces mots ?**
c. **Dans le mot « voyage », entends-tu le son [wa] ?**
Quelles lettres forment ce son dans ce mot ?

J'apprends

Le son [wa] s'écrit :

souvent oi	parfois oy
un oiseau, coiffer, le roi	*le voyage, incroyable*

Attention à l'ordre des lettres : oi ≠ io (*violon*)

Je m'exerce à mon rythme

+EXOS

1 **Reformule la règle.**
Le son [wa] s'écrit avec les lettres ... et parfois avec les lettres ... .

Retrouver le son [wa] dans un mot

2 COLLECTIF
Nomme les dessins. Dans quels mots entends-tu le son [wa] ?
À quel endroit du mot (début, milieu, fin) ?

3 **Recopie les mots où tu entends le son [wa].**

* une voiture • une étoile • la route • la valise • le soir • moi • un bijou • le roi

** un poisson • une boîte • maladroit • la radio • un voyage • la voie • moins • violent • violet • une voyelle • les yeux • Benoît

4 **Recopie, puis entoure les lettres qui font le son [wa].**

* un miroir • une ardoise • la proie • aboyer • un mouchoir • la soif • un voilier • la poignée • joyeux • nettoyer • une histoire

** • La voiture noire roule à droite.
• Le chien a aboyé toute la soirée.
• Les noix sont les fruits du noyer.
• François a envoyé une lettre.

Différencier les façons d'écrire le son [wa]

COLLECTIF

5 **Réponds aux devinettes avec un mot contenant le son [wa]. Essaie de les écrire.**

- Il a une couronne : le ...
- On doit la respecter : la ...
- Elles brillent dans la nuit : les ...
- Il se trouve dans certains fruits (pêches, cerises...) : le ...

6 **Remets les syllabes dans l'ordre pour obtenir des mots contenant le son [wa].**

* • tu-voi-re • le-toi-é • moi-ar-re • roir-mi

** • re-vic-toi • re-tu-toi • ga-o-toi-re-bli • a-droit-mal • é-gner-loi

7 **Recopie et complète avec oi ou oy.**

* • du p...sson • un ...seau • un v...ageur • l'ard...se • le r... • il a s...f • ab...er

** • Je n'aime pas la nuit n...re : c'est plus beau quand il y a les ét...les !
• Vous v...agerez sur un v...lier.
• Ce s...r, mon oncle Franç...s m'a raconté une hist...re incr...able !

Je repère dans un texte

8 **Lis le texte. Recopie les quatre mots contenant le son [wa].**

Il était une fois un roi d'une laideur épouvantable et d'une méchanceté redoutable, qui consacrait tout son temps à faire régner la terreur sur son royaume. […]

Les animaux, tout autant que les hommes, détestaient ce roi. Aucun oiseau ne chantait à sa fenêtre. Sur son passage, les chiens grognaient et les chats crachaient. Un animal pourtant était obligé de le supporter : son cheval.

Thierry LENAIN, « Le roi boiteux », *Les bonnes nouvelles*, Éd. SEDRAP.

J'écris

9 **Écris un menu en t'aidant des dessins. Utilise des mots contenant le son [wa].**

Le son [ɔ̃]

Le défi son
Repérer la syllabe commune aux mots prononcés.

Je cherche

+ Matériel

a. **Dans l'illustration, retrouve tous les mots contenant le son [ɔ̃].**

b. **Remets les lettres dans l'ordre pour écrire ces mots :**

un i-l-v-o-n-o • un o-p-n-m-p-o • une n-t-a-m-g-e-o-n • une l-c-b-o-m-o-e

c. **Quelles lettres permettent de former le son [ɔ̃] dans ces mots ?**

J'apprends

Le son [ɔ̃] s'écrit :

souvent **on**	parfois **om** devant b, p
un garçon, du carton, montrer, un tronc	*un pompon, le pompier, combien* Et : *le nom, le prénom*

Attention : on écrit « un bonbon ».

Je m'exerce à mon rythme

+EXOS

1 **Reformule la règle.**
Le son [ɔ̃] s'écrit le plus souvent … . Devant **m**, **b**, **p**, on écrit … .

Reconnaître le son [ɔ̃] dans un mot

COLLECTIF

2 **Nomme les dessins. Quels mots contiennent le son [ɔ̃] ?**

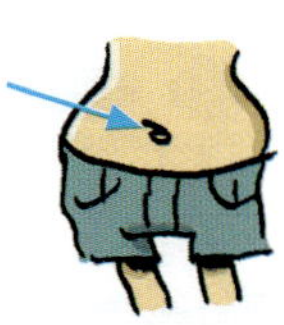

3 **Recopie les mots où tu entends le son [ɔ̃].**

* un violon • un volant • le monde • la soupe • le nom • un lion • du carton

** une pomme • un pompier • une pompe • un bonnet • bondir • un homme • un champignon • un sommet • une personne

4 **Recopie, puis entoure les lettres qui font le son [ɔ̃].**

* une pompe • bonjour • la ronde • il tombe • une montre • la compote • le pont

** • Les poissons tournent en rond.
• Le chaton ronronne sur le balcon.
• Le garçon est tombé car il fait très sombre.
• Mon oncle Gaston joue de la trompette.

Différencier les façons d'écrire le son [ɔ̃]

COLLECTIF

5 **Nomme les dessins et essaie d'écrire les mots.**

6 **Recopie et complète avec la syllabe qui convient.**

* bon – ton – nom – plom
• Le ...bier a appuyé sur le gros bou... de la chaudière.
• Si tu me dis ton pré... , je te donnerai un bon... .

** tom – ton – tron – trom – com – con
• Marion a fait des ...fitures.
• J'ai acheté un ci... et des con...bres.
• Simon s'est ...pé de leçon.
• La sorcière est ...bée sur le men... .

7 **Recopie et complète avec on ou om.**

* c...bien • la m...tagne • un tr...bone • un chat... • rem...ter • un p...t • la tr...pe • un pige... • une leç...

** • Le champi... a dépassé tout le m...de d'une l...gueur.
• Le maç... utilise le fil à pl...b.
• Le tr...bone est un instrument de la même famille que la tr...pette.

29

Je repère dans un texte

8 **Lis le texte. Recopie les quatre mots contenant le son [ɔ̃].**

Léo fouille dans la vieille malle du grenier.

Léo soulève le couvercle et ouvre des yeux ronds.

— Ouah ! s'exclame-t-il. Qu'est-ce que c'est ?

Il plonge ses mains au fond et en ressort une boîte vernie surmontée d'un bras articulé et d'un cornet qui ressemble à une grande fleur. À quoi peut bien servir cette drôle de machine couverte de poussière ?

Marc CANTIN et Isabel, *Léo et la drôle de machine*, Le Bibliobus « Le temps », Hachette Livre 2011.

J'écris

9 **Écris une petite histoire avec les mots suivants :** un donjon, un dragon, un balcon.

Le son [ɑ̃]

Le défi son
Lever la main quand le mot prononcé contient le son étudié.

Je cherche

Matériel

a. **Dans l'illustration, retrouve au moins cinq mots contenant le son [ɑ̃].**

b. **Remets les lettres dans l'ordre pour écrire ces mots :**

une s-d-e-n-a • un p-e-s-n-t-r-e • un b-t-m-r-o-a-u

Quelles lettres permettent de former le son [ɑ̃] dans ces mots ?

c. **Dans les mots « emmener, tambour, lampe », quelle lettre suit le m du son [ɑ̃] ?**

J'apprends

Le son [ɑ̃] s'écrit :

souvent		parfois devant m, b, p	
an	en	am	em
dans, un éléphant, une antilope	*le serpent, une dent, entrer, en*	*le tambour, la lampe*	*la tempête, embrasser, emmener*

On écrit rarement **aon** → *un faon, un paon*

Je m'exerce à mon rythme

+EXOS

1 **Reformule la règle.**
Le son [ɑ̃] s'écrit le plus souvent … ou … . Devant **m**, **b**, **p**, on écrit … ou … .

Retrouver le son [ɑ̃] dans un mot

COLLECTIF

2 **Lis ces mots. Dans quels mots entends-tu le son [ɑ̃] ?**
la nature • une amande • une ambulance • le matin • la banane • l'aventure • le melon • un médicament • quarante • une année • un banc • novembre • le journal • emmener • un animal • un mensonge • maintenant

3 **Recopie chaque liste et barre l'intrus.**

* **a.** une chanson • une dent • une épaule • vendredi • orange • apprendre

** **b.** une tempête • un champignon • semer • remplir • le tremplin

4 **Recopie, puis entoure les lettres qui font le son [ɑ̃].**

* une plante • du camembert • blanc • un embouteillage • une lampe • décembre • enchanté • Antoine • un pantalon

**
- Alexandre mange un pamplemousse.
- Les enfants avancent en silence.
- Tu emportes ton tambour.
- Maman est contente : c'est la rentrée !

Différencier les façons d'écrire le son [ɑ̃]

COLLECTIF

5 **Lis ces phrases. Quels mots contiennent le son [ɑ̃] ?**
Quelle lettre suit le son [ɑ̃] quand tu vois am ou em ?
- Maman demande à Laurent de ranger sa chambre rapidement.
- Pendant la tempête, le vent est très violent.
- C'est Amandine qui emmène Clément chez le dentiste.

6 **Reproduis le tableau et classe les mots.**

J'entends [ɑ̃]			
Je vois an	Je vois en	Je vois am	Je vois em
...	...	...	...

* dimanche • un emploi • une ampoule • vendredi • un sifflement • gênant • les vacances • embêter • du camembert • le tambour • une clémentine

**
- Sa température a augmenté subitement.
- Les champs fleuris embellissent la campagne.

7 **Complète avec an, am, en ou em.**

* an ou am → dim...che • une ...poule • la Fr...ce • un t...bour
en ou em → ...porter • p...ser • un mom...t • nov...bre

**
- L'...bul...ce av...ce rapidem...t.
- Laur...t a dit un m...songe.
- Mainten...t, Zoé est bien ...bêtée !
- ... déc...bre, les l...pes sont allumées tôt.

Je repère dans un texte

8 **Lis ce poème. Recopie au moins six mots contenant le son [ɑ̃].**

Le pélican

Le capitaine Jonathan
Étant âgé de dix-huit ans
Capture un jour un pélican
Dans une île d'Extrême-Orient.

Le pélican de Jonathan
Au matin, pond un œuf tout blanc
Et il en sort un pélican
Lui ressemblant étonnamment. [...]

Robert DESNOS, « Le Pélican », *Chantefables et Chantefleurs*, Éd. Gründ.

J'écris

9 **Décris cette photo en utilisant au moins deux mots contenant le son [ɑ̃].**

Le son [ɛ̃]

Le défi son

Trouver le plus de mots possible contenant le son [ɛ̃], les classer au tableau selon leur graphie.

un requin baleine

Les requins

- Il existe 350 espèces de requins :
  – le plus grand est le requin baleine, qui mesure 18 mètres de long,
  – le plus petit est le requin **nain**, qui mesure de 15 à 20 centimètres de long.
- Les requins peuvent **atteindre** des vitesses de pointe d'au moins 50 kilomètres par heure.
- Dans les aquariums, les requins sont réunis dans des **bassins** spéciaux. C'est **impressionnant** d'observer les **gardiens** donner à manger aux requins lorsqu'ils ont **faim** !

Je cherche

a. Lis les mots en rouge. Quel son ont-ils en commun ?

b. Quelles lettres permettent de former ce son dans ces mots ?

J'apprends

Le son [ɛ̃] s'écrit :

souvent			parfois	
in	**ain** en fin de mot	**en** en fin de mot	**im** devant b, p	**ein**
le matin, le prince	*le pain, la main, un copain*	*le chien, bien*	*le timbre, simple, grimper*	*peindre, le frein, éteindre*

On écrit rarement **yn** et **ym** → *le lynx, sympathique*

Je m'exerce à mon rythme

+EXOS

1 **Reformule la règle.**
Le son [ɛ̃] peut s'écrire avec les lettres … , … , en, … et … .

Retrouver le son [ɛ̃] dans un mot

COLLECTIF

2 **Lis ces mots. Lève la main quand tu entends le son [ɛ̃] et indique à quel endroit du mot tu l'entends : au début, au milieu ou à la fin.**
un jardin • une maison • un terrain • cinq • la viande • les invités • une clémentine • peindre • plein • une limonade • invisible • un chagrin • vingt • moins

3 **Recopie les mots où tu entends le son [ɛ̃].**

* la fin • le matin • le piano • la main • le roi • le pin • le timbre • la danse

** le pinceau • l'incendie • le triangle • le médecin • le piment • imaginaire • éteindre • ancien • la reine • pointu • le ministre • combien • le thym • demain

4 **Recopie, puis entoure les lettres qui font le son [ɛ̃].**

* le chemin • inventer • un chimpanzé • le pain • la ceinture • le chien • la main • demain • l'interdiction • un mécanicien • un poulain • grimper

**
- Le vin est fait avec du raisin.
- Ton copain Lucien est sympathique.
- Le chirurgien a opéré mon cousin Alain.
- Le pompier a bien éteint l'incendie.

Différencier les façons d'écrire le son [ɛ̃]

COLLECTIF

5 **À l'oral, classe les mots dans le tableau.**

J'entends [ɛ̃]					
Je vois in	Je vois im	Je vois ain	Je vois ein	Je vois ym	Je vois en
...	...	...	...	...	...

un dessin • le voisin • simple • un écrivain • un magicien • le train • plein • imperméable • un cousin • impossible • intelligent • un humain • maintenant • une empreinte • la ceinture • interdit • le tympan • bientôt • le citoyen

6 **Recopie et complète avec in ou im.**

* un mat... • un p...ceau • ...telligent • s...ple • un chem... • gr...per • ...venter

** un moul... • une ...dustrie • une t...bale • un ...dividu • ...buvable • un pr...ce

7 **Recopie et complète avec in, en, ain ou ein.**

* un cop... • le magici... • la p...ture • c'est ...terdit • un dess... • bi... • le p...

**
- Le mécanici... répare les fr...s.
- Valentin est en tr... de p...dre.
- Le poul... court sur le terr... du vois... .
- Combi... de cous...s as-tu ?

Je repère dans un texte

8 **Lis le texte. Recopie les quatre mots contenant le son [ɛ̃].**

M. Seguin n'avait jamais eu de bonheur avec ses chèvres. Il les perdait toutes de la même façon : un beau matin, elles cassaient leur corde, s'en allaient dans la montagne, et là-haut le loup les mangeait.

Ni les caresses de leur maître, ni la peur du loup, rien ne les retenait. C'était, paraît-il, des chèvres indépendantes, voulant à tout prix le grand air et la liberté.

Alphonse DAUDET, *La chèvre de Monsieur Seguin*.

J'écris

9 **Décris cette illustration en utilisant au moins trois mots contenant le son [ɛ̃].**

Les sons [ø] et [œ]

Le défi son

Lever la main quand le mot prononcé contient le son étudié.

La soupe de la sorcière

Dans son chaudron la sorcière
Avait mis quatre vipères,
Quatre crapauds **pustuleux**,
Quatre poils de barbe-**bleue**, [...]

Sur le **feu** pendant quatre **heures**
Ça chauffait dans la **vapeur**.
Elle tourne sa tambouille
Et touille et touille et ratatouille.

Quand on put passer à table
Hélas c'était immangeable.
La sorcière par **malheur**
Avait oublié le **beurre**.

Jacques CHARPENTREAU,
La ville enchantée, D.R.

Je cherche

a. **Lis les mots en bleu. Quel son ont-ils en commun ? Comment s'écrit-il ?**

b. **Lis les mots en rouge. Quel son ont-ils en commun ? Comment s'écrit-il ?**

c. **Entends-tu la lettre qui suit le son [ø] dans les mots en bleu ?**
Et celle qui suit le son [œ] dans les mots en rouge ?

d. **Dans les mots « nœud » et « cœur », comment s'écrivent les sons [ø] et [œ] ?**

J'apprends

- Les sons **[ø]** fermé et **[œ]** ouvert s'écrivent :

	souvent eu	**parfois œu**
J'entends [ø] fermé	*le feu, bleu, heureux*	*un nœud, des œufs*
J'entends [œ] ouvert	*la vapeur, les heures*	*le cœur, un œuf*

- À la fin d'un mot, le son [œr] s'écrit le plus souvent **eur** → *un rêveur, une couleur*
Sauf : *le beurre* et *l'heure*

Je m'exerce à mon rythme

+EXOS

1 **Reformule la règle.**
Les sons [ø] fermé ou [œ] ouvert s'écrivent avec les lettres ... ou ... .

Retrouver les sons [ø] et [œ] dans un mot

COLLECTIF

2 **Nomme les dessins. Dans quels mots entends-tu le son [ø] fermé ?**
et le son [œ] ouvert ?

3 **Recopie les mots où tu entends le son [ø] fermé, comme dans feu.**

* heureux • un déjeuner • un jeu • du beurre • deux • neuf • le milieu • le feu

** • Mathieu a les yeux bleus. • Ce délicieux mille-feuille coûte deux euros. • Ce jeune homme est très silencieux. • Il est fiévreux : le docteur va venir.

4 **Recopie les mots où tu entends le son [œ] ouvert, comme dans peur.**

* la peur • le cœur • joyeux • le facteur • la chaleur • un feutre • une odeur

** • Tu as offert des fleurs à ta sœur. • Ce dangereux cambrioleur nous a fait peur ! • Le voyageur part de bonne heure. • Les spectateurs aiment les jongleurs.

Différencier les façons d'écrire les sons [ø] et [œ]

COLLECTIF

5 **Pour chaque mot, donne la syllabe qui contient le son [œ] ouvert et indique la dernière lettre de cette syllabe.**

un chanteur • un nageur • une sœur • neuf • une fleur • un professeur • un filleul

6 **Remets les syllabes dans l'ordre pour obtenir des mots avec les sons [œ] ou [ø].**

* teur-ni-mo • breux-nom • ner-jeu-dé • teur-rec-di

** di-or-teur-na • teur-ti-va-cul • ra-pi-as-teur • po-teur-sa-va-ri

7 **Recopie et complète avec eu ou œu.**

* ta s...r • bl... • un ...f • le fact...r • un chant...r • la chal...r

** Emmanuel a déj...né avec des tartines de b...rre. Il est parti à l'école de bonne h...re. Hier, il a appris ses leçons par c...r. Son profess...r a de nombr...x élèves.

Je repère dans un texte

8 **Lis le texte. Recopie les quatre mots contenant les sons [œ] ou [ø].**

Les côtes rocheuses

On appelle « littoral » l'endroit où la mer rencontre la terre. Quand elles heurtent les roches ou les rochers, ou quand elles viennent buter contre les falaises, les nombreuses vagues vont modifier le paysage. Les côtes sont ainsi « remodelées ». D'ailleurs les falaises formées de roches tendres s'usent plus rapidement que celles qui sont formées de roches dures.

Sally ZALEWSKI, *Ma planète Mer*, Éd. de La Martinière Jeunesse.

J'écris

9 **Trouve au moins trois mots contenant les sons [œ] ou [ø] dans l'illustration. Puis écris deux phrases avec ces mots.**

Le son [ʒ]

Le défi son
Repérer la syllabe commune aux mots prononcés.

Jeu de l'oie

Je cherche

+ Matériel

a. **Écris les mots correspondant aux dessins en remettant les syllabes dans l'ordre. Quel son ont-ils en commun ?**

b. **Quelles lettres permettent de former le son [ʒ] dans ces mots ?**

J'apprends

Le son [ʒ] s'écrit :

souvent j	**parfois g** devant e, i	**rarement ge** devant o, a
*le **j**eu, a**j**outer*	***g**entil, rou**g**ir*	*un pi**ge**on, il man**ge**ait*

Je m'exerce à mon rythme

+EXOS

1 **Reformule la règle.**
Le son [ʒ] peut s'écrire avec les lettres … , … ou … .

Retrouver le son [ʒ] dans un mot

COLLECTIF

2 **Nomme les dessins. Dans quels mots entends-tu le son [ʒ] ? Dis où il se trouve : début, milieu ou fin de mot.**

3 **Recopie les mots où tu entends le son [ʒ].**

* le jambon • du gui • la journée • sage • un gâteau • la luge • joli • la girafe

** un guide • un chirurgien • urgent • elle voyageait • la figure • la justice

4 **Recopie, puis entoure les lettres qui font le son [ʒ].**

* une image • un jour • nous rangeons • un bijou • un jardin • un gilet

** • Gilles aimait jouer à la plage. Il nageait et plongeait dans les vagues.
• Ces jeunes garçons ont voyagé dans une région sauvage.

Différencier les façons d'écrire le son [ʒ]

COLLECTIF

5 **Pour chaque mot, indique comment s'écrit le son [ʒ] et la lettre qui le suit.**

*Exemple : jaune → **j** suivi de **a**.*

une jument • imaginer • des jumelles • un bourgeon • une jonquille • un congélateur • une orange • le visage • jaloux • ajouter • un étalage • jeune • je • manger

6 **Recopie chaque liste et barre l'intrus.**

* **a.** le cirage • la page • le singe • un cageot • un village
b. une jambe • une bijouterie • Julie • aujourd'hui • un genou

** **c.** la mangeoire • il déjeunait • la rougeole • le bourgeon • nous partageons
d. il plongeait • le plongeoir • le plongeon • il plongea • ils plongèrent

7 **Recopie et complète avec j, g ou ge.**

* du cira...e • le ...ardin • une pa...e • rou...ir • la ...ambe • une ...irafe • le bi...ou • ima...iner • man...er

** • ...ulie est ...entille et très sa...e.
• Au...ourd'hui, le chirur...ien a opéré un malade en ur...ence.
• Le marchand ran...ait ses ca...ots d'oran...es sur l'étala...e.

Je repère dans un texte

8 **Lis le texte. Recopie les quatre mots contenant le son [ʒ].**

Je m'appelle Sène et j'habite à Saint-Louis du Sénégal. Quand je ne vais pas à l'école, j'aime accompagner mon oncle Papa Diop dans son taxi-brousse. Je dis bonjour à tous les passagers qui montent. Ce que je préfère, c'est organiser les bagages sur le toit.

Christian EPANYA, *Le taxi-brousse de Papa Diop*, Éd. Syros.

J'écris

9 **Complète la légende avec des mots contenant le son [ʒ].**

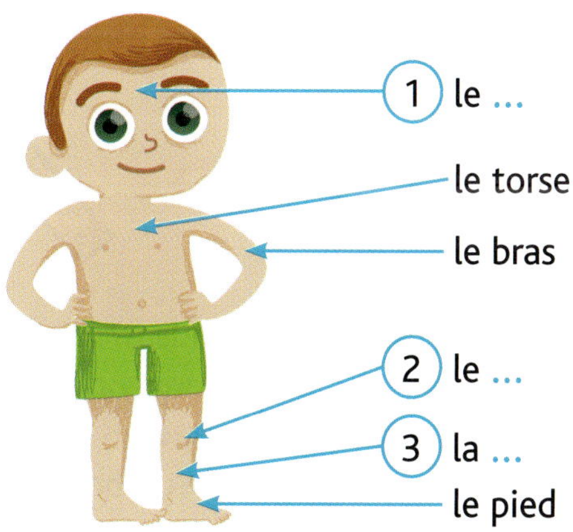

Le son [g]

Le défi son
Lever la main quand le mot prononcé contient le son étudié.

Je cherche

+ Matériel

a. **Dans l'illustration, retrouve au moins quatre mots contenant le son [g].**

b. **Remets les syllabes dans l'ordre pour écrire ces mots :**

un gon-dra • une guette-ba • une de-guir-lan • une ta-gui-re

c. **Quelles lettres permettent de former le son [g] dans ces mots ?**
Lorsqu'il s'écrit gu, quelles lettres vois-tu après ?

J'apprends

Le son [g] s'écrit :

souvent g devant a, o, u et les consonnes	**parfois gu** devant e, i, y
*un **g**âteau, la fi**g**ure, la **g**lace*	*la ba**gu**e, la **gu**itare*

Je m'exerce à mon rythme

+ EXOS

1 **Reformule la règle.**
Le son [g] peut s'écrire avec les lettres … ou … .

Retrouver le son [g] dans un mot

2 COLLECTIF **Nomme les dessins. Dans quels mots entends-tu le son [g] ?**

3 **Recopie les mots où tu entends le son [g].**

* une gaufre • gros • un plongeon • un dragon • la figure • la neige • un garage

** gourmand • une guirlande • un peigne • la montagne • grimper • ignorer • augmenter • du muguet • un bourgeon • une église • la campagne

4 **Recopie, puis entoure les lettres qui font le son [g]. Ensuite, colorie la lettre qui suit le son.**

* la grenouille • la bagarre • un guidon • une blague • guérir • un regard • un gant • un légume • une règle • la gare • la gomme • un ogre • l'escargot

** • Guy est tombé, il a une égratignure au genou.
• Le singe et le tigre restent derrière les grilles du zoo.
• Gabriel fait la grimace, il a la gorge rouge à cause d'une angine.

Différencier les façons d'écrire le son [g]

COLLECTIF

5 **Nomme les dessins. Essaie d'écrire les mots.**

6 **Recopie et complète avec g ou gu.**

* une va...e • une ...aufre • le dra...on • ...rimper • ...érir • la ...erre • re...arder

** • ...illaume boit de la ...renadine.
• La ...enon ouvre sa ...eule.
• ...ustave dé...uste un ....âteau au nou...at.
• Le ...rand musicien joue de la ...itare.

7 **Réponds aux devinettes avec des mots contenant le son [g].**

* • Dans les contes, il dévore les enfants → l'_ _ _ _
• Tu l'utilises pour effacer le crayon gris → la _ _ _ _ _
• Elle décore le sapin de Noël → la _ _ _ _ _ _ _ _ _ _

** • C'est un petit animal qui peut rentrer dans sa coquille → l'...
• Dans les contes, il crache du feu → le ...
• Tu l'utilises en classe pour tracer des traits → la ...

Je repère dans un texte

8 **Lis le texte. Recopie les trois mots contenant le son [g].**

Le tigre voit presque aussi bien la nuit que le jour. Avec ses moustaches, il « sent » le vent. Sans cesse aux aguets, il surveille tout. Pour se déplacer, il se faufile en silence. À la course, il démarre vite mais se fatigue rapidement. Il lui faut donc attraper sa proie par la ruse.

Stéphanie LEDU, *Le tigre, seigneur de la jungle*, Éd. Milan Jeunesse.

J'écris

9 **Trouve trois mots contenant le son [g] dans l'illustration. Puis écris une phrase avec au moins deux de ces mots.**

Le son [ɲ]

Le défi son
Lever la main quand le mot prononcé contient le son étudié.

Gaétan voulait **gagner** le sommet de la **montagne** en compagnie de son ami Jules. Ils ne sont pas encore arrivés. On ignore s'ils ont déjà admiré le paysage magnifique là-haut. On attend leur **signal** pour fêter dignement cet exploit avec du champagne !

Je cherche

a. Lis les mots en rouge. Quel son ont-ils en commun ?

b. Dans le texte, retrouve les cinq autres mots contenant le son [ɲ]. Quelles lettres forment ce son ?

c. Dans le mot « panier », quelles lettres forment le son [ɲ] ?

J'apprends

- Le son **[ɲ]** s'écrit **gn** → *la montagne, le signal, ignorer*
- Dans les mots où la lettre **n** est suivie de « **i + une autre voyelle** », on entend également le son [ɲ] → *un panier*

Je m'exerce à mon rythme

+EXOS

1 Reformule la règle.
Le son [ɲ] s'écrit avec les lettres … .

Retrouver le son [ɲ] dans un mot

COLLECTIF

2 Nomme les dessins. Dans quels mots entends-tu le son [ɲ] ? À quel endroit du mot (début, milieu, fin) ?

3 Recopie les mots où tu entends le son [ɲ].

* un peigne • une bague • la poignée • la famille • une ligne • un bananier • du cirage

** • Tu nous feras signe quand tu seras en haut de la montagne.
• Auguste s'est égratigné le genou.
• Daniel est parti le dernier, mais il a gagné quand même !

4 **Recopie, puis entoure les lettres qui font le son [ɲ].**

* un signe • mignon • une châtaigne • un poignet • clignoter • une araignée • un citronnier • l'Espagne • la vigne

** • Guignol et Gnafron sont des marionnettes.
• Ils ont ramassé une vingtaine de kilos de châtaignes dans la montagne.
• Le signal du phare clignote tous les soirs.

Différencier les façons d'écrire le son [ɲ]

COLLECTIF

5 **Écris les noms correspondant aux dessins.**

6 **Recopie en choisissant le mot qui convient.**

*

un pagne/une page

la souris gigote/grignote

une montagne/un montage

** • L'artiste (*peinait/peignait*) un tableau.
• Celui qui a gagné est un (*champion/champignon*).
• Tu écris sur les (*lignes/linges*) de ton cahier.

7 **Réponds aux devinettes avec des mots contenant le son [ɲ].**

* • Je le passe dans mes cheveux le matin → le _ _ _ _ _ _
• Elle tisse une toile pour attraper les mouches → l'_ _ _ _ _ _ _ _

** • On les ramasse en automne, mais certains sont dangereux → les …
• C'est un pays européen, sa capitale est Madrid → l'…

Je repère dans un texte

8 **Lis le texte. Recopie au moins six mots contenant le son [ɲ].**

Le petit agneau s'est perdu dans la montagne, il s'est éloigné de la ferme où il est né. […] Il voudrait regagner la ferme, rejoindre ses compagnons qui l'attendent au bas de la montagne, mais le soleil cogne très fort, personne pour l'accompagner. Qui va trouver le petit agneau ? Le loup ? Oh non ! La chienne du berger grogne et s'élance. Et comme elle est maligne, elle retrouve l'agneau, endormi sous un vieux châtaignier.

Jo HOESTLANDT, *Le moulin à paroles*, Éd. Bayard Jeunesse.

J'écris

9 **Écris une phrase avec chaque paire de mots :**

a. des champignons, des châtaignes.

b. un rossignol, une cigogne.

Le son [j]

Le défi son
Repérer la syllabe commune aux mots prononcés.

Dans ma **famille**, les **filles** aiment **bien** observer la nature. **Hier**, nous avons observé des **chenilles** et des **papillons**.

Ma sœur **Camille** nous a montré que les **chenilles** s'enveloppent dans des cocons pour se transformer en **papillons**. On n'en **croyait** pas nos **yeux** !

Je cherche

+ Matériel

a. Lis les mots en rouge. Quel son ont-ils en commun ?

b. Quelles lettres permettent de former le son [j] dans ces mots ?

c. Classe les mots selon la façon d'écrire le son [j].

J'apprends

Le son [j] s'écrit :

souvent **i**	parfois **ill**	rarement **y**
la lumière, le camion	*un billard, une bille*	*le noyau, le crayon, les yeux*

Attention ! **ill** ne fait pas toujours le son [j] → *mille, la ville*

Je m'exerce à mon rythme

+ EXOS

1 **Reformule la règle.**
Le son [j] peut s'écrire avec les lettres … , … ou … .

Retrouver le son [j] dans un mot

2 COLLECTIF **Nomme les dessins. Dans quels mots entends-tu le son [j] ? À quel endroit du mot (début, milieu, fin) ?**

3 **Recopie les mots où tu entends le son [j].**

* une file • une fille • une poubelle • un violon • la voile • la radio • curieux • midi

** une bouilloire • la ville • violet • un coquillage • le royaume • essayer • une bicyclette • tranquille • le milieu • un rayon • piller

4 **Recopie, puis entoure les lettres qui font le son [j].**

* une bille • un avion • le papier • le foyer • un épicier • un gorille • un yaourt

** • Yann est fier : il a une collection de mille papillons !
• Hier soir, on a fermé les grilles de la ville.
• Les druides ramassaient le gui avec une faucille.
• Cette jeune fille apporte un panier de coquillages.

Différencier les façons d'écrire le son [j]

COLLECTIF

5 **Essaie d'écrire les mots correspondant aux dessins.**

6 **Recopie chaque liste et barre l'intrus.**

* **a.** effrayer • aboyer • joyeux • le métier • une voyelle
b. la vanille • une grille • briller • le grenier • une fille • sautiller

** **c.** un piéton • un écolier • un tablier • griller • un policier
d. un Indien • le chirurgien • le moyen • le chien • le magicien

7 **Recopie et complète avec i, ill ou y.**

* abo...er • un ch...en • saut...er • jo...eux • un gren...er • le mét...er • un pap...on

** • Arrête de fabriquer des av...ons en pap...er !
• Le br...ant écol...er est f...er de ses résultats.
• Le gor...e est un singe très cur...eux.

Je repère dans un texte

8 **Lis le texte. Recopie les quatre mots contenant le son [j].**

Le lièvre Valentin veut aider la marmotte Charlotte à s'endormir…

En arrivant dans la grotte, Valentin dit à Charlotte :

— Je vais déposer quelques grains de sable dans tes yeux, et tu feras des rêves merveilleux !

Mais pendant qu'il gratte le sable du terrier, voilà soudain que Charlotte a envie d'éternuer. Atchoum ! elle fait s'envoler les grains de sable dans les yeux de Valentin. Et le pauvre lièvre, soudain, s'endort, sans plus penser à rien.

Claude CLÉMENT, *Trotte marmotte*, Éd. Nathan.

J'écris

9 **Trouve trois mots contenant le son [j] dans l'illustration. Puis écris une phrase avec ces mots.**

Les sons [aj], [ɛj], [œj], [uj]

Le défi son

Trouver le plus de mots possible contenant les sons [aj], [ɛj], [œj], [uj]. Les classer au tableau selon leur graphie.

un …

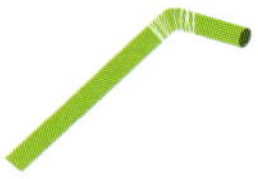

une …

un …

une …

un …

une …

un …

une …

Je cherche

+ Matériel

a. Complète chaque carte avec les noms qui conviennent :

feuille • paille • soleil • éventail • écureuil • abeille • citrouille • fenouil

b. Dans chaque carte, quel son les deux noms ont-ils en commun ?

c. Observe les terminaisons des noms masculins et des noms féminins. Que remarques-tu ?

J'apprends

Les sons [aj], [ɛj], [œj], [uj] s'écrivent :

-…il à la fin d'un nom masculin	**-…ille** à la fin d'un nom féminin ou d'un verbe	**-…ill-** à l'intérieur d'un mot
-ail → *le portail*	**-aille** → *la paille, il travaille*	**-aill-** → *le caillou*
-eil → *le soleil*	**-eille** → *une abeille, il se réveille*	**-eill-** → *le réveillon*
-euil → *le fauteuil*	**-euille** → *la feuille*	**-euill-** → *le feuillage*
-ouil → *le fenouil*	**-ouille** → *la grenouille*	**-ouill-** → *le brouillard*

Je m'exerce à mon rythme

+ EXOS

1 Reformule la règle.

Les sons [aj], [ɛj], [œj], [uj] s'écrivent avec les lettres … à la fin d'un nom masculin, … à la fin d'un nom féminin, … à l'intérieur d'un mot.

Retrouver les sons [aj], [ɛj], [œj], [uj] dans un mot

COLLECTIF

2 Nomme les dessins. Quel son entends-tu dans chaque mot : [aj], [ɛj], [œj] ou [uj] ?

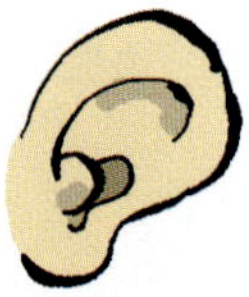

3 **Reproduis le tableau et classe les mots.**

J'entends [aj]	J'entends [ɛj]	J'entends [œj]	J'entends [uj]
portail, ...	*soleil, ...*	*fauteuil, ...*	*fenouil, ...*

* un travail • une groseille • une volaille • la rouille • un chevreuil • un chandail • un portefeuille • un maillot • un conseil • des nouilles • un épouvantail

** • Le dentiste vérifie l'émail de mes dents.
• Ces appareils informatiques sont une merveille !
• Le chevreuil mange de jeunes feuilles.

4 **Recopie les mots, puis entoure les lettres qui font les sons [aj], [ɛj], [œj], [uj].**

* le portail • un orteil • une bouteille • une bataille • une citrouille • un éventail

** du brouillon • pareil • une oreille • travailler • un feuilleton • mouiller • un épouvantail • une écaille • un écureuil

Différencier les façons d'écrire les sons [aj], [ɛj], [œj], [uj]

COLLECTIF

5 **Recopie les mots en deux colonnes : Noms masculins / Noms féminins. Que remarques-tu ?**

rail • abeille • portail • corbeille • muraille • rouille • écureuil • réveil • soleil

6 **Recopie et complète avec ail, aille, eil ou eille.**

* un r... • un évent... • une bat... • un appar... • le port... • un cons...

** • Les élèves se mettent au trav... .
• Où est la bout... de jus de gros... ?
• Tu bois ton jus de fruits avec une p... .
• L'été, le sol... brille.

7 **Recopie et complète avec ouil, ouille, euil ou euille.**

* • Il écrit sur une f... blanche.
• On mange de la citr... .
• Papa prépare un plat de n...s.
• Elle s'est endormie dans son faut... .

** • Le fen... est un légume parfumé.
• La rainette est une petite gren... verte.
• J'ai admiré les chevr...s dans le parc.
• Julien aime f...ter des bandes dessinées.

Je repère dans un texte

8 **Lis le texte. Recopie les quatre mots contenant les sons [aj] ou [œj].**

L'écureuil

Dans le tronc d'un platane
Se cache une cabane.
Un petit écureuil
Est assis sur le seuil.
Il mange des cerises,
Tricote une chemise,
Recrache les noyaux,
Se tricote un maillot,
Attaque les noisettes,
Fait des gants, des chaussettes...
Qu'importe s'il fait froid !
Tant pis si vient l'hiver !
Une maille à l'endroit,
Une maille à l'envers :
L'écureuil fort adroit,
Se fait des pull-overs.

Jean-Luc MOREAU,
L'arbre perché, D.R.

J'écris

9 **Écris une phrase avec chaque paire de mots :**

a. réveil, sommeil.
b. soleil, brouillard.

Dictées préparées

Les sons [o] et [ɔ]
Aujourd'hui, il pleut beaucoup, mais la météo prévoit du soleil pour demain.

Le son [s]
Le petit garçon suce une glace au citron. Il fait attention à ne pas la renverser sur ses chaussures.

Le son [z]
José a vu un lézard sur le mur de la maison. Zoé en a vu un deuxième caché sous le rosier.

Le son [k]
Quand papa fait des crêpes, il utilise un kilo de farine et prépare le sucre, la confiture et du chocolat !

Le son [e]
Chez Mamie, dans le grenier, les enfants jouent à se déguiser. Léa est une fée, Frédéric est un boulanger !

Le son [ɛ]
Dans ma maison près de la mer, j'aime jouer avec mon frère, rêver et dessiner les abeilles.

Le son [f]
Pour la photo de fin d'année, les enfants se sont tous bien coiffés. Les plus petits sont sur un coffre.

Le son [wa]
Antoine est en voyage avec ses amis. Aujourd'hui, il envoie une lettre à ses parents.

Le son [ɔ̃]
Un camion de pompier, une trompette, une maison en carton… Dis, Léon, combien de jouets as-tu reçus pour Noël ?

Le son [ɑ̃]
L'an dernier, en décembre, une violente tempête a emporté de nombreux arbres sur son passage.

Le son [ɛ̃]
Le matin, le peintre aime bien manger du pain ainsi qu'un fruit du jardin. C'est simple !

Les sons [ø] et [œ]
Ma petite sœur est fiévreuse, elle pleure. Maman a appelé le docteur : il va venir dans deux heures.

Le son [ʒ]
Nos ancêtres mangeaient le soir à la lueur de la bougie ou de la cheminée. Cela faisait une belle lumière jaune !

Le son [g]
La jeune mariée se regarde dans la glace : elle porte une longue robe et une superbe bague.

Le son [ɲ]
En promenade dans la montagne, j'ai ramassé un panier de champignons et de châtaignes.

Le son [j]
Camille a des cheveux blonds soyeux qui retiennent la lumière et des yeux bleus pétillant de malice.

Les sons [aj], [ɛj], [œj], [uj]
Une grenouille sur une feuille, le chien endormi sur la paille, le soleil qui brille dans le ciel : c'est l'été !

Grammaire

La phrase

Le mot du jour
la pêche
Faire émerger la définition.
Trouver des mots de la même famille.

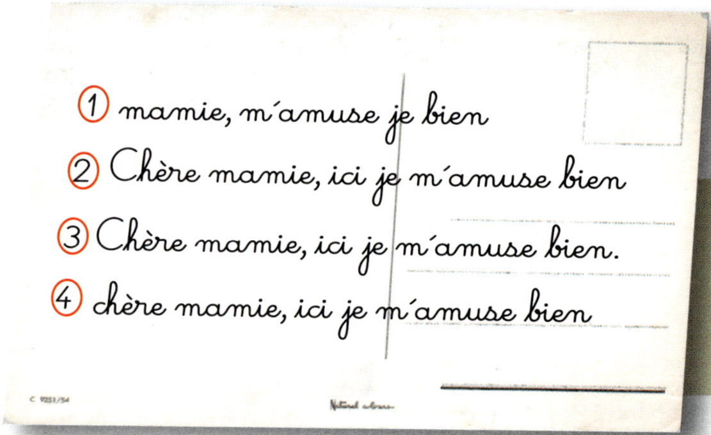

Je cherche

Matériel

a. **Lis la carte que Max écrit à sa grand-mère.**
Quelle phrase est correcte parmi les quatre proposées ?
Pourquoi les autres ne sont-elles pas correctes ?

b. **Écris la seconde phrase de la carte postale en utilisant les étiquettes suivantes :**

sommes	à	nous	la	pêche	.	allés	Hier

J'apprends

- Une phrase est une **suite de mots** qui a **un sens**.
  Elle commence par une **majuscule** et finit par un **point**.
  Ma sœur range ses vêtements dans son placard.
- Il existe différents types de points : le **point** (.), le **point d'interrogation** (?), le **point d'exclamation** (!), les **points de suspension** (...).

Je m'exerce à mon rythme

+EXOS

1 **Reformule la règle.**
Une phrase a un ... . La phrase commence par ... et finit par ... .

Reconnaître les phrases

2 COLLECTIF **Recopie les phrases.**
- Partent vacances.
- Je viens avec toi.
- Cherchons hamster.
- Nous allons à la campagne.
- Moment s'énervent eux.
- Il lui donne ce qu'elle a demandé.
- Lendemain achète robe.
- Samedi prochain, nous irons au parc.

3 **Recopie en ajoutant les points qui manquent à la fin des phrases.**

* Mon frère ouvre son cadeau Il est très content C'est une raquette de tennis

** Je me demande si Amélie a des billes Je vais le lui demander Puis nous pourrons aller jouer avec Maxime dans le jardin

4 **Indique combien il y a de phrases dans chaque texte.**

* Nous partons à la mer. Il faut prendre les maillots de bain. Il faut penser aussi aux pelles, aux râteaux et aux seaux.

** Maman déballe le pique-nique pour ce midi : nous allons nous régaler ! Nous étendons la nappe... Mais tiens, où est passé le soleil ?

Former des phrases

COLLECTIF

5 **Écris le plus de phrases possible avec les mots suivants.**

le – la – chat – chien – souris – mange – poursuit – dans – la – le – cave – jardin – regarde

6 **Recopie en ajoutant les majuscules et les points.**

*
- mon cousin fait un gâteau
- la maîtresse répare l'ordinateur
- papa plie les habits
- le policier poursuit les voleurs

** les enfants sont rentrés hier de colonie de vacances ils sont ravis de retrouver leur maison ils retournent à l'école dès le lendemain matin

7 **Recopie les mots dans l'ordre pour obtenir des phrases.**
N'oublie pas les majuscules et les points.

*
- Tu – sage. – très – es
- des – lisons – journaux. – Nous
- yeux. – Elle – les – ouvre
- fatiguée. – vraiment – Je – suis

**
- au – demain – nous – zoo – irons
- pluie – dehors – la – très – tombe – fort
- à – la – cassée – machine – est – laver
- regarde – je – à – match – télé – le – la

Je repère dans un texte

8 **Lis ce texte, puis indique combien il y a de phrases et combien il y a de lignes.**

La répétition est enfin terminée. Noémie se dépêche de rentrer chez elle. Il est temps d'enfiler son costume de scène. Mais le trac commence à l'envahir.

Il est 19 heures. Tout est en place. Les spectateurs arrivent. Derrière le rideau, la tension monte. Noémie jette un coup d'œil inquiet sur le public.

Virginie BODA, *Une étoile est née*, Les copains de la forêt, Éd. Hachette.

J'écris

9 **Décris cette photo en une phrase.**

La phrase affirmative et la phrase négative

Le mot du jour
avoir du chagrin
Faire émerger la définition.
Quels mots veulent dire la même chose ?

Mon petit lapin a bien du chagrin,
il ne saute plus dans mon p'tit jardin.
Mon petit lapin a bien du chagrin,
il ne danse plus dans mon p'tit jardin.
Saute, saute, mon petit lapin, et va vite embrasser quelqu'un.

Chansons et comptines de Petit Ours Brun,
Éd. Bayard Jeunesse.

Je cherche

a. Récris la dernière phrase en commençant par Non.
*Pour t'aider : **Non**, ne saute pas…*

b. Quels petits mots entourent les verbes en rouge ? À quoi servent-ils ?

c. Les verbes en bleu sont-ils entourés des mêmes petits mots ? Pourquoi ?

J'apprends

- La **phrase affirmative** sert à dire **oui.** → *Jeanne fait ses devoirs.*
  La **phrase négative** sert à dire **non.** → *Jeanne ne fait pas ses devoirs.*
- Pour dire **non**, on ajoute des petits mots autour du verbe : ***ne … pas*** (ou ***n'… pas***), ***ne … plus, ne … jamais.***
  *Florian **n'**est **pas** là. Carine **ne** joue **jamais** avec moi.*

Je m'exerce à mon rythme

+EXOS

1 **Reformule la règle.**
La phrase négative sert à dire … et la phrase affirmative sert à dire … .

Reconnaître et former les phrases affirmatives

COLLECTIF
2 **Lis les phrases en commençant par Oui quand tu le peux.**
- Agathe travaille sur son cahier.
- Il ne pleut jamais en juillet.
- Nous mangerons de la blanquette.
- Marie ne lit pas de livres en été.

3 **Recopie les phrases qui sont affirmatives.**

*
- Le clown n'est pas drôle.
- Les tigres sont affamés.
- La danseuse tombe sur la scène.
- Les enfants ne boivent pas de café.

** Hier, je suis allé au cirque. Je n'avais pas acheté ma place plein tarif. Les acrobates ont sauté sans filet. Les fauves étaient toujours très impressionnants.

4 **Réponds à ces questions en commençant ta réponse par Oui.**
*Exemple : Luc aime-t-il le chocolat ? → **Oui**, Luc aime le chocolat.*

*
- Mamie part-elle en vacances ?
- Rémi aime-t-il les chiens ?
- Coline a-t-elle les cheveux longs ?
- Fatou va-t-elle au cinéma ce soir ?

**
- Le maître sait-il qui est le dernier roi de France ?
- Les adultes comprennent-ils les mathématiques ?

Reconnaître et former les phrases négatives

COLLECTIF

5 **Parmi les phrases suivantes, quelles phrases sont négatives ?**
- Julien n'aime pas les aubergines.
- Les camions se garent près du marché.
- Les voitures ne roulent plus dans cette rue.
- Les élèves ne sont jamais pressés de sortir.

6 **Recopie ces phrases négatives et entoure les petits mots de la négation.**

*
- Jeanne ne mange pas de fruits.
- Océane ne fait pas ses devoirs.
- Valentin ne lit plus son livre.
- Morgane ne fait pas son lit.

**
- Il n'a pas compris la consigne.
- Elle ne se lève jamais à huit heures.
- Il n'avait pas reçu le courrier tant attendu.
- Je n'y pensais plus.

7 **Transforme les phrases affirmatives en phrases négatives.**

*
- Je range mes affaires.
- Elle plie ses vêtements.
- Il accroche son manteau.
- Ils enlèvent leurs chaussures.

**
- Le petit garçon attend son tour.
- Le vieux monsieur étend son linge.
- Les vacanciers se précipitent sur les plages.
- Les animaux courent pour éviter l'incendie.

Je repère dans un texte

8 **Lis ce texte et recopie les trois phrases négatives.**

Nino va sonner chez la sorcière. Il lui dit :

— Aide-moi, sorcière ! Je ne veux pas aller à l'école ! Je ne veux pas quitter ma maman !

La sorcière se gratte le menton, et elle propose :

— Et si ta maman restait avec toi dans la classe ?

Nino soupire : — Impossible ! Elle n'a pas le droit !

Anne-Laure BONDOUX, *Le prince Nino à la maternouille*, Les belles histoires, Éd. Bayard.

J'écris

9 **Écris les règles de la classe en utilisant des phrases affirmatives et des phrases négatives.**
Exemple : Je ne dois pas parler sans lever le doigt. Je dois sortir mes affaires en silence…

La phrase interrogative

Le mot du jour
se blottir
Faire émerger la définition.

Un petit chat part de chez lui à la recherche d'un ami. Il rencontre un chien.

Petit chat à quelques pas dit :

« **Veux-tu être mon ami ?**

— **Tu n'y penses pas, joli, qui voudrait de moi ici ?**

— Moi ! » dit petit chat, et il se frotte à ses grosses pattes puis se blottit tout contre lui. Deux amis pour la vie !

Carlo WIELAND, *Il était une fois porte des Lilas*, Éd. Ouest-France.

Je cherche

a. **Imagine que le chien veut savoir comment s'appelle le chat : quelle question lui posera-t-il ? Quelles autres questions peut-il lui poser ?**

b. **Par quoi se terminent les phrases en rouge ? Pourquoi ?**

c. **Relève une phrase qui se termine par un autre type de point.**

J'apprends

- Pour poser des questions, on utilise des **phrases interrogatives**. Ces phrases se terminent par un **point d'interrogation** (**?**).
  Comment vas-tu ? Que dis-tu ?
- **À l'oral**, quand on pose une question, **la voix monte** en fin de phrase.

Je m'exerce à mon rythme

+EXOS

1 **Reformule la règle.**
La phrase interrogative pose des … . Elle se termine par un point … .

Reconnaître les phrases interrogatives

COLLECTIF
2 **Lis ces phrases à voix haute en montant bien la voix.**
- Pourquoi êtes-vous en colère ?
- Comment s'appelle votre hamster ?
- Qui a mangé tout le chocolat ?
- Qu'est-ce que vous voulez pour Noël ?

3 **Recopie seulement les phrases interrogatives.**

*
- Ils vont à la piscine.
- Vont-ils à la piscine ?
- Est-ce qu'ils vont à la piscine ?
- Ils ne vont pas à la piscine.

**
- Est-ce qu'ils cherchent un fleuriste dans cette rue ?
- Comment ont-ils pu trouver l'adresse sans plan ?
- Les vacanciers sont pressés d'arriver à leur destination.

4 **Recopie en ajoutant le point qui convient : . ou ?.**

* • Vas-tu en vacances • Aujourd'hui, nous partons à la mer
• Viens-tu avec nous • Pourquoi ris-tu

** • Je ne comprends jamais rien aux mathématiques
• Est-ce que tu es contente de ton nouveau cartable
• Comment peux-tu manger autant de pâtes en un seul repas

Former les phrases interrogatives

COLLECTIF

5 **À l'oral, transforme les phrases en phrases interrogatives de deux façons différentes.**

Exemple : Léa vient. → Est-ce que Léa vient ? • Léa vient-elle ?

• Jamel fait ses devoirs. • Le sportif court autour du stade.
• Le bébé finit sa soupe. • La marchande vend des pots de miel.

6 **Recopie et complète les questions avec le mot interrogatif qui convient.**

* quand – quel – qui

• … a fini les gâteaux ? • … vont-ils à la piscine ? • … cartable est à toi ?

** • … préfères-tu aller : à la bibliothèque ou au cinéma ?
• … de stylos as-tu dans ta trousse ?

7 **Recopie les mots dans l'ordre pour obtenir des phrases interrogatives.**

* • Qui | ce | vient | ? | soir • Que | tu | ? | grignotes-
• Comment | ta | va | ? | mère • ? | Rentres- | tard | tu

** • Est-ce | joues | guitare | que | tu | de | ? | la
• ne | ? | Pourquoi | de | manges- | viande | tu | pas

Je repère dans un texte

8 **Lis ce texte, puis recopie les quatre phrases interrogatives.**

Élodie est convoquée dans le bureau de la directrice, Madame Pocus. Elle se lamente dans sa chambre…

— Qu'est-ce que je peux faire ? Je pourrais faire semblant d'être malade mais, avec les parents, ça ne marche jamais… Que vais-je faire ? Mais que vais-je faire ? […] Et si je transformais Madame Pocus en fumée ?

Anne-Sophie SILVESTRE, *Ma vie de sorcière*, J'aime Lire n° 321, Éd. Bayard Jeunesse.

J'écris

9 **Écris les deux questions qui conviennent pour compléter la bulle vide.**

Le verbe

Le mot du jour
tisser une toile
Faire émerger la définition.

1. D'abord, l'araignée lance un fil entre deux tiges.

2. Ensuite, elle marche sur ce pont. En même temps, elle tisse un deuxième fil.

3. Puis elle retourne au milieu. Elle saute pour donner une forme de Y à son fil.

4. L'araignée accroche bien son fil en bas. Elle construit alors le tour de sa toile...

Je cherche

a. **Jeu de mime : 4 enfants viennent au tableau.**
Chaque enfant mime une étape de la construction de la toile.
Quels mots nous disent ce que fait l'araignée ?

b. **Dans les phrases suivantes, quels mots indiquent ce que fait l'araignée ? Recopie-les.**
- L'araignée lance un fil.
- L'araignée marche sur son fil.
- L'araignée saute.
- L'araignée attache bien son fil à la branche.

c. **Comment appelle-t-on ces mots ?**

J'apprends

Dans une phrase, **le verbe** est le mot qui dit **ce que fait** une personne, un animal ou une chose.
Le verbe indique le plus souvent **une action**.
Justine ***mange*** *une pomme.*

Je m'exerce à mon rythme

+EXOS

1 **Reformule la règle.**
Dans une phrase, le verbe indique généralement une ... .

Reconnaître les verbes

COLLECTIF
2 **Mime les actions pour retrouver le verbe dans la phrase.**
- André lit une histoire.
- Bilal dort dans son lit.
- Julien mange une tarte.
- Les enfants boivent du jus d'orange.
- Maman cueille des fleurs.
- Mélissa avale un bonbon.

3 **Recopie les phrases et entoure les verbes en rouge.**

* • Les élèves rangent leurs affaires.
• Brahim joue aux billes.
• Papa raconte une belle histoire.
• L'oiseau chante sur la branche.

** • La neige tombe en hiver.
• Le bois brûle dans la cheminée.
• Les sapins poussent dans la forêt.
• Tu écoutes de la musique.

Utiliser les verbes

4 COLLECTIF **Trouve le verbe qui indique l'action que fait :**
• un chanteur • un pêcheur • un nageur • un dessinateur • un skieur • un joueur

5 **Recopie et complète les phrases avec le verbe qui convient.**

* enfile – adorent – joue – durent
• Paul ... au football.
• Amira ... ses bottes.
• Les vacances ... longtemps.
• Les enfants ... le chocolat.

** tombent – souffle – distribue – mûrissent
• Les fraises ... en juin.
• Les feuilles ... à l'automne.
• Le facteur ... le courrier.
• Le vent ... très fort.

6 **Récris les phrases en remplaçant chaque verbe par celui qui convient.**

* prépare – chassent – avale – couvent
• Isabelle et Sophie attrapent des papillons.
• Les poules pondent des œufs.
• Aline fait des crêpes.
• Le bébé boit son biberon de lait.

** discutent – lit – brosse
Dans le salon de coiffure, le coiffeur emmêle les cheveux de Marie. Aurélien déchire un magazine. Deux jeunes filles se disputent.

Je repère dans un texte

7 **Lis ce texte. Recopie au moins cinq verbes.**

[Zigotto] s'élance sur la piste. Il salue le public et sort des balles de sa salopette : une bleue, une jaune, une verte. Les balles volent au-dessus de sa tête. Zigotto les rattrape avec brio[1].

Une pirouette, une galipette, il a fini son numéro. C'était parfaitement réussi ! Le public applaudit. Zigotto quitte la piste l'air réjoui.

M. MARLO, F. PILLOT, M. CANTIN, A. SARN, *Le cirque Patatrac*, Éd. Milan.

1. *avec brio* : brillamment.

J'écris

8 **Écris deux phrases pour décrire ce que font le chien et le chat.**

Le sujet du verbe (1)

Le mot du jour
simplet
Faire émerger la définition.

- Qui **se mouche** ?
- Qui **dort** ?
- Qui **se plaint** ?
- Qui **rit** aux éclats ?
- Qui **lit** un livre ?
- Qui **regarde** le ciel ?
- Qui **se cache** ?

Timide – Joyeux – Simplet – Grincheux – Prof – Atchoum – Dormeur

Je cherche

a. Observe l'illustration, puis réponds aux questions en utilisant les noms en bleu.
*Exemple : Qui **se mouche** ? → **Atchoum se mouche**.*

b. Dans la phrase « Atchoum se mouche. », quel mot indique qui fait l'action ?

J'apprends

- Le **sujet** du verbe indique **qui** fait l'action. Le sujet commande le verbe.
- Pour trouver le sujet, on pose la question : **Qui est-ce qui … ?** ou **Qu'est-ce qui … ?**
  L'enfant joue. → Qui est-ce qui joue ? → C'est l'enfant qui joue.

Grammaire

Je m'exerce à mon rythme

+EXOS

1 **Reformule la règle.**
Le sujet indique qui fait … . Pour trouver le sujet, on peut poser la question … ou … .

Reconnaître les sujets

COLLECTIF

2 **Trouve le sujet dans ces groupes de mots.**
Tu peux poser la question : Qui est-ce qui … ?
- Sonia mange. • Tarik marche. • Mes amis chantent. • Les chats griffent.
- Les nageurs montent sur le podium. • Le chien dort près de la fenêtre.

3 **Transforme les phrases en utilisant C'est … qui.**
*Exemple : Jeanne joue à l'ordinateur → **C'est** Jeanne **qui** joue à l'ordinateur.*

* • Julien chante. • Héloïse murmure. • Farid trébuche. • Samira danse.

** • Kevin regarde le feu d'artifice. • La menthe pousse sur mon balcon.
• Jocelyn entend le bruit des pétards. • Le cahier est posé sur le bureau.

4 **Recopie ces phrases. Souligne les verbes en rouge et les sujets en bleu.**

* • Les chats miaulent. • La galette cuit.
• Les voitures klaxonnent. • Le soleil brille.

** • Mélanie a peur des monstres. • Baptiste fait de terribles cauchemars.
• Où va le jardinier ? • Comment s'appelle ton frère ?

Utiliser les sujets

COLLECTIF

5 **Décris chaque dessin en une phrase. Quel est le sujet de chaque phrase ?**

6 **Recopie chaque phrase en ajoutant le sujet qui convient.**

* la princesse – le dragon – la sorcière – l'ogre
• ... vole sur son balai magique. • ... crache du feu.
• ... mange les petits enfants. • ... dort en attendant le prince.

** le renard – le sanglier – l'écureuil – le chamois
• Cet hiver, ... mangera ses noisettes. • Dans la forêt, ... cherche des truffes.
• Est-ce que ... a mangé les poules ? • ... escalade la montagne.

7 **Recopie les phrases en complétant avec un sujet qui convient.**

* • ... cuit de délicieuses baguettes. • ... soigne mon hamster.
• ... peint un immense tableau. • ... prépare des bouquets de roses.

** • Demain, ... m'arrachera une dent. • Je trouve que ... fait bien les piqûres.
• Est-ce que ... a pris la commande ? • Ce midi, ... prépare du hachis parmentier.

Je repère dans un texte

8 **Lis ce texte. Retrouve les sujets des verbes soulignés et recopie-les.**

Un vent de tempête hurle dehors, et la pluie tambourine aux carreaux. Tom n'arrive pas à dormir.

— Tu entends ce que dit la pluie ? murmure une voix.

Le garçon allume la lampe et découvre sa sœur, Léa, debout devant la porte. Elle a mis son poncho imperméable, et elle tient une torche électrique à la main :

— La pluie nous appelle : « Venez vite ! Venez vite ! »

Mary POPE OSBORNE, *Les dernières heures du Titanic*, La Cabane Magique, Éd. Bayard.

J'écris

9 **Décris cette photo en deux phrases. Utilise deux sujets différents.**

Les noms communs et les noms propres

Le mot du jour
le goût
Faire émerger la définition.
Trouver des mots de la même famille.

Le marché de Nice

Pour la semaine du goût, nous sommes allés au marché avec la maîtresse. Rachid et Zina ont goûté des poivrons et des tomates. Fatou et Tom ont goûté des fromages chez le fromager. En revanche, Juliette n'a rien goûté chez le poissonnier : elle se pinçait le nez car ça ne sentait pas très bon !

Je cherche

a. Que désignent les mots en bleu (des personnes, des choses, des lieux…) ? Que vois-tu devant ces mots ?

b. Que désignent les mots en rouge ? Pourquoi ont-ils une majuscule ?

J'apprends

- Les mots qui désignent des objets, des personnes, des animaux… sont des **noms**.
- Il y a des **noms communs** et des **noms propres**.
  – Les noms communs sont précédés d'un petit mot → *un **homme**, une **ville***
  – Les noms propres désignent une personne ou un lieu particuliers. Ils prennent une majuscule → ***Nicolas**, **Marseille**, la **Suisse**…*

Grammaire

Je m'exerce à mon rythme

+EXOS

1 **Reformule la règle.**
Le nom propre prend une … , le nom commun est précédé d'un … .

Reconnaître les noms communs et les noms propres

2 COLLECTIF **Dans cette liste, quels mots sont des noms ?**
depuis • un livre • Charles • sans • vraiment • et • un stylo • Océane • cependant • Venise • l'Angleterre • tranquillement • un clavier • un bureau • Valentin • par • aussi • une bouteille • un téléphone • Samira • ainsi • à

3 **Classe les noms en deux colonnes : Noms propres / Noms communs.**
* une école • un ami • Georges • une trousse • un cahier • Félix • un manteau
** kangourou • explosion • Albi • bâtiment • Pyrénées • Renoir • ascenseur

4 **Recopie et souligne les noms propres en rouge et les noms communs en bleu.**

* • Jade nage bien. • Où est le musée ? • Susie part dans les Alpes.

** • Les animaux rentrent dans la cage. • Les instituteurs vont visiter le Maroc.

Utiliser les noms communs et les noms propres

COLLECTIF

5 **Associe un nom commun et un nom propre à chaque dessin.**

Mozart • une princesse • les Alpes • un fleuve • des montagnes • Raiponce • la Loire • un musicien

6 **Remplace chaque nom propre par le nom commun qui convient.**

* la sorcière – l'enfant – les parents – la ville

- Léa joue aux billes dans le square.
- Julie et Luc chargent la voiture.
- Marseille brille de toutes ses lumières.
- Carabosse vole sur son balai magique.

** les chiens – les fleuves – les héros – les personnages

- Mickey et Minnie défilent.
- Mon frère promène Médor et Milou.
- Sais-tu où passent la Seine et la Loire ?
- Superman et Spiderman ont gagné.

7 **Complète chaque phrase avec...**

* **un nom propre :**

- Je vais à l'anniversaire de ... .
- Madame ... n'est pas très gentille.

** **un nom propre et un nom commun :**

- Il part en vacances en ... : c'est un ... où il fait très froid !
- ... regarde les grands ... dans leurs cages.

Je repère dans un texte

8 **Lis ce texte. Recopie un nom propre et sept noms communs.**

Dans une île ensoleillée, une maman vient d'avoir un bébé. Cette maman, c'est aussi la maman de Rico.

Ce mardi-là, dans la petite maison en terre séchée, toutes les mamans du village admirent le nouveau-né dans son panier :

— Quel joli cœur, dit l'une.

— Qu'il est mignon ! ajoute une autre.

Laurence PAIN, *Un amour de petite sœur*, Les belles histoires, Éd. Bayard.

J'écris

9 **Recopie et complète cette fiche. Attention, tu dois utiliser seulement des noms propres.**

Ma fiche de renseignements

- Je m'appelle ... .
- J'habite dans la ville de ... .
- Mon pays s'appelle ... .
- Mon école est dans la rue ... .
- Je suis ami(e) avec ... .
- Mes parents s'appellent ... .

Les déterminants

Le mot du jour
un pôle
Faire émerger la définition.
Quels sont les deux pôles ?

Marte habite au Spitzberg, une île proche du pôle Nord. Quand on habite près d'un pôle, il y a une période de l'année où le soleil ne se couche pas pendant des mois : on appelle ça le jour polaire. Cette année, sur mon île, le jour polaire a commencé le samedi 19 avril et a duré jusqu'en août ! Alors, ce samedi-là, je suis partie dans la montagne avec mes amies assister à ce moment unique !

D'après Bruno MUSCAT, *Astrapi* n° 697, Bayard Presse.

Je cherche

a. Lis ce texte. Repère tous les noms communs.

b. Recopie les petits mots qui se trouvent devant ces noms. En connais-tu d'autres ?

J'apprends

- **Devant le nom**, on trouve généralement un petit mot : c'est **le déterminant**.
  le *balcon,* ***mon*** *chien,* ***ce*** *colis,* ***une*** *canne,* ***ta*** *bêtise,* ***les*** *rochers,* ***ces*** *abris*
- Certains déterminants s'appellent des **articles** : **un**, **une**, **des**, **le**, **la**, **l'**, **les**.
  le et **la** se transforment en **l'** devant certains noms → ***l'****abri,* ***l'****école*
- **au** et **du** sont aussi des déterminants → *Je vais* ***au*** *café. Y a-t-il* ***du*** *monde ?*

Je m'exerce à mon rythme

+EXOS

1 **Reformule la règle.**
Devant un nom, il y a généralement un … .

Reconnaître les déterminants

COLLECTIF
2 **Dans cette liste, quels mots sont des déterminants ?**
ton • matin • aussi • des • aussitôt • danser • croissant • un • bien • merveilleux • la • son • sonore • bruit • cette • brouette • jadis • ce • manger • joyeux

3 **Recopie et entoure les déterminants en rouge et les noms en bleu.**
* la salade • un gâteau • ce garçon • ma chambre • ton frère • l'année • nos cousins • du jambon • une cathédrale • des arbitres

** • Le dîner est servi sur la table.
• Son frère préfère jouer au basket.
• Ce garçon n'aime pas l'école.
• Ta sœur a choisi un pull mauve.

4 **Classe les déterminants en deux colonnes : Articles / Autres déterminants.**

* cette orange • le kiwi • sa banane • la clémentine • un ananas • ta pomme

** J'ai ouvert la vieille malle qui se trouve dans notre grenier et j'ai trouvé un vieux chapeau, des gilets, cette robe… et une énorme araignée !

Utiliser les déterminants

COLLECTIF

5 **Pour chaque nom, propose au moins trois déterminants qui conviennent.**

… short … raquette … arbitre

6 **Recopie en écrivant le, la ou l' devant chaque nom.**

* … chèvre • … abeille • … éléphant • … rhinocéros • … oiseau

** Dans … film d'hier, … assassin décide d'agir un soir où il y a de … orage. … maison est plongée dans … noir et on ne voit rien.

7 **Recopie en complétant avec un déterminant qui convient.**

*
- Nadine regarde … chapeau.
- Martin boit de … eau.
- Marion va … cinéma.
- … frère est vraiment fatigant.

**
- … nuage passe dans … ciel.
- … cuisinier épluche … carotte.
- J'ai acheté … robe et … manteau.
- … oncle mange … saucisson.

8 **Remplace chaque déterminant souligné par un autre déterminant.**

*
- Elle rentre dans <u>la</u> chambre.
- <u>Cette</u> girafe est très grande.
- Ouvre <u>ton</u> livre.
- <u>La</u> soupe est chaude.

**
- <u>Le</u> poisson rouge s'ennuie dans <u>le</u> bocal.
- Elle regarde <u>un</u> oiseau passer devant <u>la</u> fenêtre.
- <u>L'</u>enfant est très sage : il joue avec <u>le</u> ballon.

Je repère dans un texte

9 **Lis ce poème. Recopie au moins dix déterminants.**

L'Indien couche sous sa tente
L'Esquimau dans son igloo
Et la souris se contente
D'un tout petit trou.

L'Indien a des peaux de loup,
L'Esquimau dans son igloo
A des peaux de caribou.
La souris n'a rien du tout.

Pierre GAMARRA, D.R.

J'écris

10 **Recopie et complète la première bulle avec les bons déterminants. Puis invente la réponse de l'autre enfant.**

Le genre des noms

Le mot du jour
le phare
Faire émerger la définition.
À quoi sert-il ?

Je cherche

Matériel

a. **Lis les étiquettes. Quels noms s'écrivent avec** un **ou** le **?**

b. **Quels noms s'écrivent avec** une **ou** la **?**

J'apprends

Les noms sont **masculins** ou **féminins** (on dit que c'est le **genre** du nom).
– On trouve **un**, **le** ou **l'** devant les noms masculins → ***un*** *cheval*, ***le*** *lavabo*, ***l'****abri*
– On trouve **une**, **la** ou **l'** devant les noms féminins → ***une*** *poule*, ***la*** *joue*, ***l'****école*

Je m'exerce à mon rythme

+EXOS

1 **Reformule la règle.**
Les noms sont féminins ou ... . Devant les noms féminins, on écrit une, l' ou ... .
Devant les noms masculins, on écrit ..., ... ou le.

Reconnaître le genre des noms

COLLECTIF

2 **Classe les noms en deux colonnes : Noms masculins / Noms féminins.**
une bouteille • une assiette • un verre • un couteau • la fourchette •
une serviette • une carafe • le pain • la cuillère • un dessert

3 **Recopie et complète avec le ou la.**
* ... bouchon • ... tirelire • ... téléphone • ... trousse

** • ... voiture se gare. • Il conduit ... moto.
• Il caresse ... poussin. • ... porte-monnaie est rouge.

4 **Recopie chaque liste puis barre l'intrus.**

* **a.** une dent • une hanche • un genou • une épaule

** **b.** pantalon • jupe • robe • chemise • cravate

Utiliser les noms selon leur genre

COLLECTIF

5 **Dans ce dessin, relève uniquement les noms masculins.**

6 **Recopie en complétant avec le nom qui convient.**

* père – mère – taureau – vache

- La … est dans l'étable.
- Son … vient le chercher à l'école.
- Le … dort dans le pré.
- Marie fait un câlin à sa … .

** ami – amie – cuisinier – cuisinière

- Hugo est … dans un grand restaurant.
- L'… de Jérôme s'appelle Stéphanie.
- Anne prépare des plats succulents : elle devrait devenir … .
- Samir est l'… de Pierre.

7 **Recopie en complétant avec…**

* **un nom féminin.**

- Le chat court après la … .
- As-tu écrit une … à papi ?
- Carl a reçu une … pour Noël.
- La … nous a demandé de nous taire.

** **un nom masculin et un nom féminin.**

- Pour manger, on utilise un … et une … .
- J'ai pris une … et … un à la bibliothèque.
- Le matin, elle boit un … et elle mange une … .
- Il fait très froid dehors : mets ton … et ta … .

Je repère dans un texte

8 **Lis ce texte. Recopie les noms soulignés et indique leur genre.**

Exemple : cirque → nom masculin

Aujourd'hui, le cirque arrive. C'est un événement car le cirque ne vient pas souvent. Dans une voiture, un clown parle dans un haut-parleur : « Mesdames, mesdemoiselles, messieurs, ce soir, sous le chapiteau, venez voir le spectacle le plus merveilleux ! »

Adèle CIBOUL, *Le cirque*, Éd. Nathan.

J'écris

9 **Décris cette chambre en utilisant au moins deux noms masculins et deux noms féminins.**

Le nombre des noms

Le mot du jour

un bourgeon
Faire émerger la définition.
À quoi donne naissance un bourgeon ?

Je cherche +Matériel

a. Associe chaque étiquette au dessin qui convient.

des bourgeons • une fleur • des fleurs • un bourgeon

b. Compare les mots en bleu et les mots en rouge. Qu'est-ce qui change ?

J'apprends

- Les noms sont au **singulier** ou au **pluriel** (on dit que c'est le **nombre** du nom).
  – Quand un nom désigne une seule personne, un seul objet, il est au **singulier**.
  On écrit **un**, **le**, **une**, **la**, **l'** devant → ***un*** *chat*, ***la*** *sieste*
  – Quand un nom désigne plusieurs personnes, plusieurs objets, il est au **pluriel**.
  On écrit **des** ou **les** devant → ***des*** *vêtements*, ***les*** *bateaux*
- Pour former le pluriel d'un nom, on ajoute en général un **-s** ou un **-x** à la fin.

Je m'exerce à mon rythme +EXOS

1 Reformule la règle.
Un nom peut être au singulier ou au … . Pour former le pluriel d'un nom, on ajoute en général un -x ou un -… .

Reconnaître le nombre des noms

2 COLLECTIF **Dis, pour chaque nom, s'il est au singulier ou au pluriel.**
la tarte • des choux • un éclair • les brioches • des chaussons • une glace • le mille-feuille • des entremets • une crème • une religieuse • les gâteaux

3 Classe les noms en deux colonnes : Singulier / Pluriel.

* une pomme • les rivières • des chemises • la fleur • le manteau • des écharpes • une personne • le cerceau • un ballon • des quilles • les feuilles • l'arbre

** La neige est tombée cette nuit. Ce matin, j'ai mis mon bonnet et mes gants. Je ne veux pas avoir les oreilles et les mains gelées !

4 **Recopie uniquement les noms au pluriel.**

* • La pluie tombe sans arrêt. • Les oiseaux chantent dans l'arbre.
• La rue est bloquée par les voitures. • Il a ses écouteurs sur les oreilles.

** En Égypte ancienne, les pharaons se faisaient enterrer dans des pyramides avec des objets précieux. Parfois, des voleurs s'emparaient de ces trésors !

Utiliser les noms selon leur nombre

COLLECTIF

5 **Écris chaque nom avec l'article qui convient : un, une ou des.**

6 **Écris chaque nom et son article au pluriel.**

* • le magazine → les … • le facteur → les …
• la carte → les … • l'enveloppe → les …

** goulot • l'escalier • la brebis • la neige • le repas • l'histoire

7 **Recopie en choisissant le nom qui convient.**

* • Elle mange un (*croissant/croissants*).
• Les (*escargot/escargots*) sortent quand il pleut.
• Il regarde la (*prairies/prairie*).
• Les (*coqs/coq*) chantent le matin tôt.

** • Zoé recueille l'(*oiseau/oiseaux*) blessé.
• Ils mettent leurs (*chapeau/chapeaux*) avant de sortir.
• Les (*cheval/chevaux*) courent sur la plage.
• Les (*drapeau/drapeaux*) sont hissés pour le 14 juillet.

Je repère dans un texte

8 **Lis ce texte. Recopie au moins sept noms au pluriel.**

En Dordogne, les grottes de Lascaux abritent un véritable trésor : des centaines de peintures et de gravures très vivantes représentant des animaux préhistoriques – taureaux géants et chevaux au galop, ou encore bisons, cerfs, félins et bœufs musqués, mais aussi des hommes. Figure-toi que ces magnifiques illustrations ont été créées par nos ancêtres voilà environ 17 000 ans !

Les grottes, Éd. Nathan.

J'écris

9 **Légende cette photo en utilisant deux noms au pluriel et deux noms au singulier.**

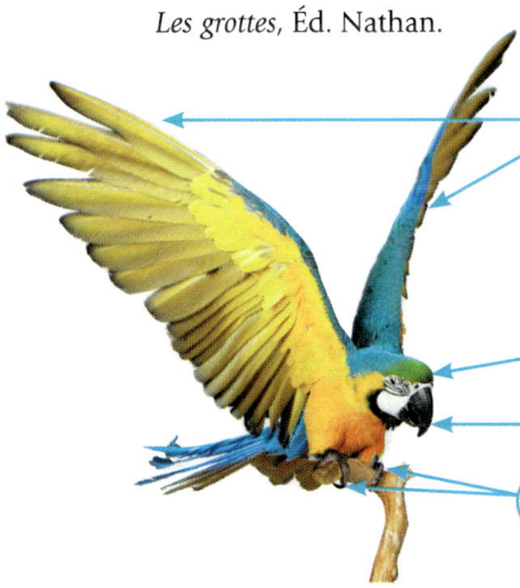

L'adjectif qualificatif

Le mot du jour
la voleuse
Faire une phrase avec ce mot.
Trouver des mots de la même famille.

Je cherche

a. **Voici ce que l'on sait sur la voleuse :**
(1) Elle a les cheveux roux. (2) Elle porte une chemise. (3) Elle a les yeux noirs.
Grâce à ces indices, peux-tu deviner qui a volé le vélo ?

b. **Comment as-tu fait ? Quels mots t'ont aidé ?**

c. **Quel indice ne sert à rien ? Pourquoi ?**
Que faut-il rajouter pour que l'indice soit utile ?

J'apprends

L'**adjectif qualificatif** apporte des **précisions sur le nom.**
*une chemise **déchirée**, un **magnifique** roman, une **jolie** tasse **bleue***
Il peut se placer **avant** ou **après** le nom.

Je m'exerce à mon rythme

+EXOS

1 **Reformule la règle.**
L'adjectif qualificatif apporte des ... sur le nom.

Reconnaître les adjectifs

COLLECTIF
2 **Relève l'adjectif dans chaque groupe de mots.**
des pierres précieuses • un téléphone portable • une belle journée • des produits biologiques • une sévère défaite • une pastèque sucrée

3 Recopie les phrases et souligne les adjectifs.

* • Elle porte une robe rouge. • Il voit la verte prairie.
• J'entends une musique douce. • Elle reconnaît son grand neveu.

** • Le gros chat endormi est près de la cheminée.
• Le cheval a une belle crinière rousse.

4 Recopie en supprimant les adjectifs.

* un prince courageux • un horrible monstre • une jeune fille • un beau château

** • Il a installé des panneaux solaires. • Il a planté de superbes fleurs rouges.
• L'élève a rendu un devoir soigné. • J'ai une nouvelle table basse.

Utiliser les adjectifs

COLLECTIF

5 Décris chaque manteau le plus précisément possible. Utilise des adjectifs.

6 Recopie avec l'adjectif qui convient.

* rusé – doux – fier

… comme un agneau • … comme un renard • … comme un coq

** gâtée – horrible – fanée – blanche

• Je dessine toujours sur une feuille … . • Ma petite sœur est une enfant … .
• Il y avait une … sorcière dans le film. • J'ai jeté la fleur … et j'ai lavé le vase.

7 Recopie en ajoutant un adjectif.

* un enfant … • l'éléphant … • un … canapé • une … citrouille

** • Le clown a enfilé un pantalon … . • Il a demandé de l'aide au … monsieur.
• Karine apprécie ta … cuisine. • Simon a un cerf-volant … .

Je repère dans un texte

8 Lis ce texte. Recopie les cinq adjectifs.

Désespérée, elle s'assit sur un coussin et se mit à pleurer. Elle pleura tant et tant qu'elle n'eut bientôt plus de larmes à verser. Les yeux secs, elle regarda autour d'elle. Une vraie maison d'ogre célibataire ! Des montagnes de sacs-poubelles qui dégoulinaient, des chaînes de montagnes de vaisselle dans l'évier, une épaisse couche de poussière sur le sol et une odeur… !

Praline GAY-PARA, *L'ogre gentleman*, Éd. Syros Jeunesse, 2006.

J'écris

9 Décris cette sculpture. Utilise au moins trois adjectifs.

Niki DE SAINT-PHALLE, *L'oiseau de feu*.

Le groupe nominal

Le mot du jour
agile
Faire émerger la définition.
Connaissent-ils le nom ?

La marmotte est le plus gros rongeur des montagnes. Pourtant, **cet animal agile**, joueur et gracieux est peu connu.
En effet, la marmotte a une double vie. Pendant **les beaux jours**, elle vit à l'air libre dans **les alpages**. À **la période froide**, elle disparaît sous terre.
Marc BEYNIE, *Images Doc*, n° 152, Bayard Presse.

Je cherche

a. **Observe les groupes de mots en rouge.**
Quels types de mots reconnais-tu (déterminant, nom...) ?

b. **Observe les groupes de mots en bleu.**
Quels types de mots reconnais-tu (déterminant, nom, adjectif...) ?

J'apprends

- Le **groupe nominal** est formé d'un **déterminant** et d'un **nom**.
  une danseuse
  déterminant nom
- Un groupe nominal peut également contenir des **adjectifs qualificatifs**.
  une jolie danseuse, des habits élégants

Je m'exerce à mon rythme

+EXOS

1 Reformule la règle.
Le groupe nominal est formé d'un déterminant et d'un ... . Il peut contenir des ... .

Reconnaître les groupes nominaux

COLLECTIF
2 Relève les groupes nominaux.
joyeux • marcher • un manteau • tard • parce que • un écrivain inspiré • la musique • chanter • bien • une guitare classique • maintenant • quelques cerises • chacun • les peintures • désormais • la grande enveloppe • des personnages

3 Recopie les phrases et souligne les groupes nominaux.
* • Ta chambre est sale. • Elle lit une bande dessinée.
• Il est dans la cuisine. • Ils racontent une histoire incroyable.
** • Ton petit chat chéri n'aime pas la pluie.
• L'informaticien répare notre vieil ordinateur.
• Avant son concert, le violoniste s'entraîne toute la journée.

4 **Recopie uniquement les groupes nominaux. Souligne :**
– les déterminants en bleu, – les noms en rouge, – les adjectifs en vert.

* l'oiseau fragile • un malicieux renard • un singe agile • ce dangereux serpent

** • Une douce musique se fait entendre. • Mon beau tableau coloré est très regardé.
• Je cherche un cadeau particulier. • Elle prépare une bonne blanquette.

Utiliser les groupes nominaux

COLLECTIF

5 **Écris deux groupes nominaux pour chaque dessin.**
Exemple : une bague, une bague brillante

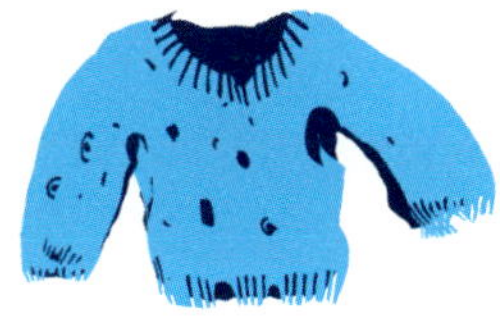

6 **Recopie avec le groupe nominal qui convient.**

* la patinoire – la montagne – tes chaussures – ce matin
• ..., je me suis levé tôt. • Tous les hivers, je vais à ... .
• Je t'emmène à ... cet après-midi. • Tu as mal fait les lacets de ... .

** une rue étroite – la pluie fine – les vagues déchaînées – la belle robe
• ... est repassée. • ... tombe sur le toit.
• La voiture s'engage dans ... . • Je contemple ... .

7 **Recopie avec un groupe nominal de ton choix.**

* • Bérénice boit ... . • Farid lit ... . • Charlotte mange ... .

** • ... cuit dans la casserole. • Papa est assis dans ... .
• L'antilope a été dévorée par ... . • ... broute paisiblement dans le pré.

Je repère dans un texte

8 **Lis ce texte. Recopie au moins sept groupes nominaux.**
C'est le rap de Nono, et boum ! et bing ! Remue-toi ! Faut qu'ça swingue ! Claquant des doigts, frappant du pied, deux kangourous bondissent : olé ! olé ! Quatre autruches emplumées, en route pour le bal, esquissent un pas de danse. Oh ! Pas mal ! Six serpents paresseux, susurrant de plaisir, se balancent en tous sens, c'est à mourir de rire. Sept pingouins aériens, tombant fort à propos, y vont de leur petite impro.

Emily BOLAM, *Le rap de Nono*, Éd. Albin Michel Jeunesse.

J'écris

9 **Décris cette peinture en une phrase.**
Utilise au moins deux groupes nominaux.

Pierre Auguste RENOIR,
La lecture, 1890.

Les pronoms personnels sujets

Le mot du jour
un marronnier
Faire émerger la définition.
Différencier châtaigniers et marronniers.

Chaque année, les marronniers fleurissent au printemps. Puis **les marronniers** perdent leurs feuilles en automne. Au printemps suivant, **les marronniers** se couvriront de feuilles nouvelles. Un marronnier peut vivre plus de 200 ans. Comme tous les êtres vivants, **un marronnier** vieillit et meurt.

D'après *La découverte du monde*, Cycle 2, Éd. Bordas.

Je cherche + Matériel

a. Il y a beaucoup de répétitions dans ce texte ! Pour les éviter, remplace chaque groupe nominal en bleu par le petit mot qui convient : ils • il • ils .

b. Relis ton texte. A-t-il toujours le même sens ?

J'apprends

- je, tu, il, elle, nous, vous, ils, elles sont des **pronoms personnels sujets.**
  Je joue aux dés. Tu fabriques une étagère.
- Les pronoms personnels sujets peuvent remplacer un **sujet** (nom ou groupe nominal).
  Mon lapin aime les carottes. → Il aime les carottes.
  Ali et moi avons des animaux. → Nous avons des animaux.

Je m'exerce à mon rythme +EXOS

1 Reformule la règle.
On peut remplacer un sujet (nom ou groupe nominal) par un … .

Reconnaître les pronoms personnels

COLLECTIF
2 Dans chaque phrase, repère le pronom personnel.
• Elles sont jolies. • Il est très sage. • Je suis à l'heure. • Elle est polie.
• Heureusement, elle est venue jusqu'ici. • Maintenant, nous sommes réunis.

3 Associe chaque groupe nominal au pronom qui peut le remplacer.

*

la maîtresse •	• il
les petites filles •	• elle
le médecin •	• ils
les deux amis •	• elles

**

Sophie et Julie •	• nous
l'infirmière et moi •	• ils
l'arbitre et toi •	• elles
Luce et son père •	• vous

4 **Recopie en entourant le pronom personnel.**
Puis souligne le nom ou le groupe nominal remplacé par ce pronom.

Exemple : Elena part en vacances ; elle a une grosse valise.

* • Betty et Zina mangent une mangue ; elles se régalent.
• Luce et son père vont à la réunion de l'école ; ils sont en retard.

** • Mamie cherche son foulard ? Il est dans le placard.
• Maman se met des bigoudis. Elle veut avoir les cheveux frisés.

Utiliser les pronoms personnels

COLLECTIF

5 **Transforme chaque phrase pour éviter les répétitions. Utilise un pronom.**
- La souris court ; la souris se cache.
- Le chat miaule ; le chat mange des croquettes.
- Ces chaussons sont confortables ; ces chaussons sont usés.

6 **Récris en remplaçant les sujets par le pronom qui convient.**

* elles – il – ils – elle
- Jérémie fait du roller.
- Noémie mange une sucette.
- Ali et Kyllian jouent au foot.
- Léa et Marie jouent aux billes.

**
- Jules et Ryan cueillent des fleurs.
- Sarah et moi faisons nos devoirs.
- Reza et toi êtes inséparables.
- Julie et Rose accrochent des posters.

7 **Récris en remplaçant les pronoms par un groupe nominal qui convient.**

* les lunettes – les arbres – cette rose – le dentiste
- En hiver, ils perdent leurs feuilles.
- Elle sent délicieusement bon.
- Elles améliorent la vue.
- Il a oublié mon rendez-vous.

**
- Il distribue le courrier.
- Elle nous donne nos devoirs.
- Elles font des piqûres.
- Ils arrêtent les voleurs.

Je repère dans un texte

8 **Lis ce texte. Observe les pronoms soulignés. Quels noms remplacent-ils ?**

Les habitants du palais étaient très fiers du roi Hubert, de la reine Isabelle et de la princesse Marinette, mais ils avaient un peu honte du prince Olivier. Il était pourtant toujours gai, toujours prêt à rendre service. Il n'avait qu'un seul défaut, il ne voulait pas se laver ! Aussi l'avait-on surnommé le prince mal débarbouillé.

Odile HELLMANN-HURPOIL, *Le prince Olivier ne veut pas se laver*,
Les belles histoires, Éd. Bayard.

J'écris

9 **Écris trois phrases pour raconter ce que fait le petit garçon.**
Utilise des pronoms pour éviter les répétitions.
Pour commencer : Le petit garçon…

Le sujet du verbe (2)

Le mot du jour
une compétition
Faire émerger la définition.
Employer le mot dans une phrase.

Marie Mistral, reine du cerf-volant !

Samedi dernier, la compétition de cerf-volant a réuni plus de 400 participants. Marie Mistral est arrivée première dans la catégorie des 10-16 ans. La jeune fille fait du cerf-volant depuis qu'elle a 7 ans, et elle ne compte pas s'arrêter ! La nouvelle championne a déjà repéré les compétitions de l'année prochaine…

Je cherche

a. **Lis l'article de journal. Relève tous les sujets.**

b. **Classe les sujets en trois groupes :**
Noms propres / Groupes nominaux / Pronoms personnels.

c. **Quels sujets désignent la même personne ?**

J'apprends

Le **sujet** d'un verbe peut avoir plusieurs **natures** :
– nom propre → *Jeanne nage*.
– groupe nominal (GN) → *Ma fille nage*.
– pronom personnel → *Elle nage*.

Je m'exerce à mon rythme

+EXOS

1 **Reformule la règle.**
Le sujet du verbe peut avoir plusieurs natures : … , groupe nominal, … .

Reconnaître des sujets différents

2 COLLECTIF **Quel est le sujet de chaque verbe ?**
elle mange • Luc coud • ils digèrent • une petite fille joue • la poule caquette • Amin réfléchit • le lapin marron bondit • il dit • le chien et le chat se battent

3 **Recopie ces phrases : souligne le verbe en rouge et le sujet en bleu.**

* • Jeanne regarde la télévision.
• Il joue avec son doudou.
• Elle est en vacances.
• Florian fait du cerf-volant.

** • Le camion rouge double les voitures.
• Ces grandes herbes cachent le paysage.
• Sur nos têtes tombe la pluie glacée.
• Les fruits et les légumes sont très beaux.

4 **Classe les sujets en trois colonnes : Noms propres / GN / Pronoms personnels.**

* • Le petit garçon entre dans l'école. • Michel s'occupe de ses enfants.
• Elle tombe souvent malade. • Le dentifrice a un goût de fraise.

** Ce matin, Jeanne a mangé un copieux petit déjeuner. Puis, pendant des heures, elle s'est entraînée à danser. Ce soir, la jeune fille donnera son premier ballet.

Utiliser des sujets différents

COLLECTIF

5 **Remplace les noms propres soulignés par des groupes nominaux.**

Loubna et Raphaële cueillent des fleurs.

Marguerite broute.

Max monte sur la grande échelle.

6 **Recopie et complète avec un pronom qui convient.**

* Je – Nous – Vous – Ils

- ... sentez le vent qui souffle.
- ... préférons les vacances à la mer.
- ... prépare un bon petit plat.
- ... adorent leurs voisins.

**
- ... pensez arriver vers quelle heure ?
- ... ne dit jamais de mal de ses amis.
- ... ont mis leurs plus belles robes ce soir.
- Sais-... si tu seras là ce soir ?

7 **Recopie et complète avec un groupe nominal qui convient.**

* Malik et Jules – La moto du voisin – Le pain au chocolat – François et moi

- ... est vraiment délicieux.
- ... ont été punis par la maîtresse.
- ... est garée n'importe comment.
- ... sommes allés à la fête.

**
- Dans la classe, ... écoutent attentivement.
- Sur la table, ... sont posés à côté des assiettes.
- ... se changent dans les vestiaires avant l'entraînement.

Je repère dans un texte

8 **Lis ce texte. Recopie les sept sujets.**

Un étrange docteur vit dans le jardin des petites bêtes…

Les piqûres étaient le seul remède qu'il connaissait pour soigner ses patients. Entre nous, je ne pense pas que vous aimeriez être soigné de cette façon, mais rassurez-vous, le docteur Moustique était toujours très occupé et il n'avait pas vraiment le temps de vous rendre visite.

Antoon KRING, *Frédéric le moustique*, © Éd. Gallimard Jeunesse.

J'écris

9 **Décris cette photo en utilisant au moins deux sujets différents (groupe nominal, pronom personnel).**

Découvrir la circonstance

Le mot du jour
la savane
Faire décrire ce type de végétation. Dans quelle région du monde le trouve-t-on ?

L'antilope court.

Je cherche

+ Matériel

a. Complète la phrase en rouge avec les étiquettes qui conviennent :

- au lever du soleil / la nuit
- très vite / lentement
- dans la savane / dans le bois
- pour échapper au lion / pour le plaisir

b. À quelle question répond chaque étiquette : où ? quand ? pourquoi ? comment ?

J'apprends

- Dans les phrases, des mots apportent des **précisions** sur les circonstances de l'action : on les appelle des **compléments**.
- Certains compléments répondent aux questions :
  – **quand ?** → ***À 7 heures***, *je me lève.*
  – **où ?** → *Elle marche* ***dans la rue****.*
  – **comment ?** → *Tu parles* ***vite****.*
  – **pourquoi ?** → *il crie* ***parce qu'il a peur****.*
- On peut les déplacer : ***À 7 heures****, je me lève.* → *Je me lève* ***à 7 heures****.*

Grammaire

Je m'exerce à mon rythme

+EXOS

1 **Reformule la règle.**
Dans une phrase, les ... répondent aux questions : quand ? ... comment ? ... .

Reconnaître la circonstance

COLLECTIF
2 **Dis à quelle question répond chaque groupe de mots.**
parce que je suis triste • gentiment • à la mer • demain matin • sur les rochers • durant la nuit • avec patience • car il ment • sur la chaise • vendredi soir • brutalement

3 **Recopie les mots qui répondent aux questions Où ? et Quand ?**
* • Noël est en décembre. • La Seine coule à Paris. • En mai, on vend du muguet.
** • Comme je suis arrivée tôt, je suis assise au premier rang.
• Nous entrons en classe dès que la sonnerie retentit.

4 **Recopie les mots qui répondent aux questions Pourquoi ? et Comment ?**

* • Le docteur s'occupe de lui avec soin.
• J'ai mangé cette glace avec plaisir.
• Je travaille bien car j'aime l'école.
• Je pleure parce que je suis triste.

** • Le chat court comme un fou parce qu'il a fait une bêtise.
• Puisque le printemps arrive, le jardinier fait des plantations.

Utiliser la circonstance

COLLECTIF

5 **Associe chaque début de phrase au complément qui convient.**

Ils font des châteaux de sable •	• doucement.
Il y a une araignée •	• demain soir.
Nous mangerons avec nos amis •	• au plafond.
En voiture, ma mère roule toujours •	• sur la plage.

6 **Recopie en déplaçant les compléments.**

Exemple : Il dort dans le hamac. → Dans le hamac, il dort.

* • Je vais chanter tous les lundis.
• Elle s'entraîne à la piscine.
• Le matin, le soleil se lève.
• Je cours chaque semaine.

** • Parce qu'elle a trop mangé, elle a mal au ventre.
• Un rossignol chante sur la plus haute branche.
• Avec rapidité, elle répond à sa lettre.

7 **Recopie et complète en répondant à la question posée.**

* • Elle mange (*où ?*) … .
• Vous partez (*quand ?*) … .
• Il se couche (*quand ?*) … .
• Elle se gare (*où ?*) … .

** • Elle chante (*comment ?*) … .
• Je me lave les mains (*pourquoi ?*) … .
• Ils mangent (*comment ?*) … .
• Il éternue (*pourquoi ?*) … .

Je repère dans un texte

8 **Lis ce texte. Recopie les mots qui répondent aux questions : où ? quand ?**

Il y a plus de mille ans, en Europe, les seigneurs ont commencé à construire des châteaux, à la fois pour y habiter et pour se protéger. Prévenus d'un danger, les paysans qui travaillaient dans les champs couraient se réfugier au château. Les châteaux étaient construits sur des hauteurs ou sur des buttes.

Crocoscope, n° 1, Éd. Nathan.

J'écris

9 **Le chat a cassé le vase de mamie ! Raconte ce qui s'est passé en t'aidant du dessin. Tes phrases doivent dire où, quand, comment et pourquoi.**

Découvrir les adverbes

Le mot du jour
soigneusement
Faire émerger la définition.
Employer le mot dans une phrase.

Joëlle dessine.

Emma écrit.

Simon mange.

Je cherche + Matériel

a. Observe les dessins et lis les phrases. Pour décrire plus précisément chaque dessin, ajoute le mot qui convient à chaque phrase.

bien • soigneusement • mal • beaucoup • vite • salement • proprement

b. Fais une phrase avec le mot « vite ».

J'apprends

Les **adverbes** servent à **préciser** ou à **modifier** le sens du **verbe.**

*Constantin parle **beaucoup**. José joue **tranquillement**.*

On les trouve souvent à côté du verbe.
Ce sont des mots **invariables** : ils s'écrivent toujours de la même façon.

Je m'exerce à mon rythme +EXOS

1 Reformule la règle.
Les adverbes modifient le sens d'un … . Ce sont des mots … .

Reconnaître les adverbes

COLLECTIF
2 Dans cette liste de mots, repère les adverbes.
exactement • un chien • beaucoup • fabriquer • trop • vite • souvent • la piscine • malicieusement • les ouvriers • une grue • bientôt • construire • gentiment

3 Recopie ces phrases et souligne les verbes en rouge et les adverbes en vert.

*
- La fête dure longtemps.
- Nathalie mange lentement.
- Il part ailleurs.
- Elle se couche tôt.

**
- Dans les galettes, on trouve souvent des fèves.
- Tu fais ton exercice au brouillon et tu le recopieras après.
- Elle ne sait pas si elle reprendra encore du dessert.
- Demain midi, nous pourrons manger dehors.

4 **Recopie les phrases en supprimant les adverbes.**

* • Il travaille sérieusement. • Elle écoute attentivement.
• Elle mange beaucoup. • Il se réveille tard.

** • Ils nagent rapidement dans le grand bassin.
• On ramasse partout des petits cailloux.
• Je reprends promptement de ta délicieuse tarte.

Former et utiliser les adverbes

COLLECTIF

5 **Associe chaque début de phrase à la fin qui convient.**

Le maître gronde •	• doucement dans les chemins de campagne.
Le bébé pleure •	• sévèrement le retardataire.
La voiture roule •	• gentiment à son amie.
Carine parle •	• bruyamment.

6 **Forme les adverbes en -ment à partir des adjectifs donnés.**

Exemple : parfaite → parfaitement

* chaude • froide • triste

** chaleureuse • juste • sensible • naturelle

7 **Recopie et complète avec les adverbes qui conviennent.**

* poliment – dehors – fermement – souvent

• Je tiens … la main de ma sœur. • L'enfant répond … à la directrice.
• Je vais … me baigner. • Le chien dort … près de sa niche.

** ensuite – près – souvent – toujours

Mes cousins vivent … de chez moi, alors on se voit … . D'abord, on joue dans le jardin, … on va dans ma chambre. Pour le goûter, on mange … des tartines !

Je repère dans un texte

8 **Lis ce texte. Recopie les trois adverbes.**

L'extraterrestre Parth arrive sur Terre. Il est accueilli par une vache…

Les portes se déverrouillèrent et l'échelle de la navette descendit lentement…

Parth, qui était près de la sortie, se sentit soudain soulevé de terre. L'une des curieuses bêtes essayait de brouter sa chevelure verte !

Parth resta dans les airs quelques secondes, puis retomba lourdement.

Anne DIDIER, *Classe verte sur planète bleue*, J'aime Lire n° 327, Bayard Presse.

J'écris

9 **Décris cette image en utilisant trois adverbes :**
dehors, salement, soigneusement.

Révisions

La phrase

1 Compte le nombre de phrases de ce texte.

Lili joue avec ses poupées. Elle ne veut pas les prêter à sa cousine. Elle a organisé la chambre pour faire un village de poupées. Il y a des maisons, un docteur, une école. Lili s'amuse bien.

2 Recopie en ajoutant les majuscules et les points.

les touristes sont arrivés ils ont envahi les plages ils sont partout : dans les restaurants, dans les piscines, dans la mer les touristes sont tout blancs : ils veulent bronzer

3 Recopie en séparant les mots pour former une phrase.

- Thomasnourritsonhamster.
- Ilsfontbrûlerduboisdanslacheminée.
- Marineachètedespoireauxaumarché.

La phrase affirmative et la phrase négative

4 Recopie les phrases affirmatives.

- Les adultes ne sont pas attentifs.
- Le coureur cycliste est tombé.
- L'équipe de foot n'est pas qualifiée.
- La pluie coule le long des fenêtres.

5 Transforme les phrases négatives en phrases affirmatives.

- Solen n'aime pas les lapins blancs.
- Ce stylo n'écrit pas bien.
- Le tiroir n'est jamais fermé.
- Les étoiles ne brillent plus dans le ciel.

6 Complète avec ne ou n'.

- Je ... veux plus aller à la fête.
- Tu ... aimes pas les brocolis.
- Nous ... voyons pas le feu d'artifice.
- Il ... est jamais de bonne humeur.

La phrase interrogative

7 Recopie avec le point qui convient : . ou ?.

- Aimez-vous le chocolat au lait
- Nous avons mangé du poisson
- Est-ce que cette journée était bonne
- Pourquoi parles-tu si fort

8 Transforme les phrases affirmatives en phrases interrogatives.

Exemple : Zoé lit. → Est-ce que Zoé lit ?

- Les gorilles vivent dans la jungle.
- Rémi a mal aux oreilles.
- La pièce de théâtre commence.
- La souris a peur du chat.

Le verbe

9 Recopie avec le verbe qui convient.

voyagent – peint – boivent – remplis

- Le peintre ... un tableau.
- Je ... la bouteille d'eau.
- Les petits chats ... tout le lait.
- Ils ... à travers le monde.

10 Recopie avec le verbe qui convient.

siffle – vole – rugissent – éclairent

- Que font les lions ? Ils ... dans la savane.
- Que fait le serpent ? Il ... dans le désert.
- Que fait l'avion ? Il ... dans le ciel.
- Que font les phares ? Ils ... la côte.

Le sujet du verbe (1)

11 Recopie le sujet de chaque phrase. Tu peux poser la question Qui est-ce qui... ?

- Ma mère fait une tarte dans la cuisine.
- Le vent souffle contre les vitres.
- Les poissons tournent dans le bocal.
- Le téléphone sonne depuis des heures.
- La prise électrique est très dangereuse.

12 **Recopie le sujet du verbe souligné.**
- Demain, l'arbitre <u>sera</u> là.
- Est-ce que le pompier <u>voit</u> la fumée ?
- Hélas, le coureur <u>est arrivé</u> trop tard.
- Les enfants, bien sages, <u>attendent</u> le bus.

13 **Recopie avec le sujet qui convient.**
le passager – la machine à laver – la boîte de mouchoirs – le bateau
- ... file à toute allure sur les flots.
- ... est presque vide.
- ... descend au dernier arrêt.
- ... est en panne.

Les noms communs et les noms propres

14 **Classe les noms en deux colonnes : Noms propres / Noms communs.**
une boussole • Toulouse • le terrain • une prise • Émilie • le jeu • la Garonne • un bouclier • la tasse • le Maroc

15 **Recopie et souligne les noms propres en rouge et les noms communs en bleu.**
- Sa maison se trouve dans les Alpes.
- Guillaume regarde la montagne.
- Renaud cherche un cadeau pour sa mère.
- Gilles part en Norvège.
- Hugo prépare une surprise pour sa sœur.

16 **Recopie et complète avec...**
a. **un nom commun :**
- ... roulent très vite sur l'autoroute.
- Je n'arrive pas à mettre ... dans la serrure.

b. **un nom propre :**
- En été, ... passe ses vacances en Bretagne.
- La capitale de mon pays est ... .

Les déterminants

17 **Recopie les déterminants.**
le • crabe • enfin • la • étoile • mer • des • cette • bisou • l' • sables • seau • chaud • ton • vos • une • fourmi • les

18 **Recopie et entoure les déterminants en rouge et les noms en bleu.**
- Ce matin, Ryad a mangé un yaourt.
- Ils sont venus à la plage avec un parasol.
- Les enfants jouent avec leurs cousins.
- J'ai prêté mon manteau à mon père.
- Les garçons s'amusent dans leur chambre.

19 **Recopie avec le déterminant qui convient : vos – son – la – cette – mes.**
- Marie suce encore ... pouce.
- Regarde : ... dame nous fait signe.
- J'étale ... pâte dans le moule.
- Je n'aime pas ... nouvelles chaussures.
- Je regarde ... beaux yeux verts.

Le genre des noms

20 **Recopie et complète avec un ou une.**

• ... bureau	• ... assiette
• ... chaise	• ... bol
• ... maison	• ... tasse
• ... lit	• ... couteau

21 **Recopie avec le nom qui convient.**
sœur – frère – voisin – voisine
- J'ai invité ma nouvelle ... à prendre le thé.
- La ... de Jeanne s'appelle Agathe.
- Je vois mon ... à Noël.
- J'ai discuté avec le ... d'en face.

Le nombre des noms

22 **Recopie les noms au singulier.**
une girafe • des gazelles • un éléphant • un singe • des tigres • des rhinocéros • un lion • des zèbres • un serpent

23 **Recopie avec le nom qui convient.**
- J'ai visité plusieurs (*château/châteaux*).
- Elle joue avec ses (*poupées/poupée*).
- Il a pris son (*médicament/médicaments*).
- Le pirate a trouvé un (*trésor/trésors*).
- Donne-moi des (*cacahuètes/cacahuète*).
- Connais-tu cette (*dames/dame*) ?

L'adjectif qualificatif

24 Recopie et souligne l'adjectif.
- un livre intéressant
- un exercice difficile
- une tenue magnifique
- des cheveux longs
- une valise pleine
- des feuilles mortes

25 Recopie en supprimant les adjectifs.
- Léonore a des cheveux roux.
- La curiosité est un vilain défaut.
- Ma chambre a une moquette épaisse.
- Le jardin a des belles fleurs colorées.
- Elle porte un sac à main jaune brillant.

26 Complète avec l'adjectif de ton choix.
- Il a rendu un devoir ... à la maîtresse.
- L'oiseau ... s'est envolé très vite.
- Fais bien attention à ce vase ... .
- Le renard ... s'est échappé du piège.
- Il y a un vent ... dehors.

Le groupe nominal

27 Recopie et souligne les groupes nominaux.
- Sabrina sort son dictionnaire.
- Ma sœur prépare le goûter.
- La voiture est propre.
- Mon ami s'appelle Jean.

28 Recopie et souligne les groupes nominaux.
- Ma mère cherche son robot ménager.
- Ils ont un beau bébé joufflu.
- Mon frère vit dans une petite rue étroite.
- Cet hôtel est un endroit charmant.

29 Recopie et complète avec un groupe nominal de ton choix.
- Le jongleur lance ... .
- ... pousse dans le pré.
- À la boulangerie, elle a acheté ... .
- Dans le zoo, il y a ... .

Les pronoms personnels sujets

30 Recopie et entoure le pronom personnel.
- Je me baisse pour ramasser mon stylo.
- Demain, il partira très tôt.
- Nous avons dévoré ce gâteau.
- Cette année, j'ai repeint ma chambre.
- Je crois qu'ils sont partis.

31 Entoure le groupe nominal qui est remplacé par chaque pronom souligné.
- Zoé met ses lunettes et elle lit.
- Luc cherche le chat ; il veut l'attraper.
- La danseuse apparaît : elle est superbe.
- L'appareil dentaire doit être protégé car il est très fragile.

32 Récris en remplaçant les pronoms par le groupe nominal qui convient.
le prince – les abeilles – les contes de fées – les invités – la plante
- Elles vont de fleur en fleur.
- Elle grandit quand on l'arrose.
- Ils sont arrivés plus tôt que prévu.
- Il a une belle couronne.
- Ils se terminent toujours bien.

Le sujet du verbe (2)

33 Recopie et souligne le verbe en rouge et le sujet en bleu.
- Elle a un bouton sur la figure.
- Les oreillers sont sur le lit.
- Une pluie violente tombe cet été.
- Karine regarde les dessins animés.
- Elles broutent dans le pré.
- Luc et Sarah se marient.

34 Classe les sujets en trois colonnes :
Noms propres / GN / Pronoms personnels.
- Céline donne à manger aux chevaux.
- Le petit hamster court dans sa roue.
- Fabienne et Armelle maquillent Rose.
- Ils n'ont pas mangé de fromage.
- Le haricot magique n'existe pas.
- Je ne connais pas son nom.

35 **Recopie avec le sujet qui convient.**
les feuilles – Karim et Jules – le clown – Laurence
- Au cirque, ... amuse les enfants.
- En automne, ... jaunissent et tombent.
- ... viendra ce soir.
- Sur les pistes de ski, ... sont les meilleurs.

Découvrir la circonstance

36 **Recopie les mots qui répondent aux questions Où ? et Quand ?**

où	quand
...	...

- L'escargot grimpe sur le mur.
- Dans un mois, j'entre en CE2.
- L'année prochaine, elle s'en va.
- J'ai vu Stéphanie hier, à la piscine.

37 **Recopie les mots qui répondent aux questions Pourquoi ? et Comment ?**

pourquoi	comment
...	...

- Laura rit aux éclats.
- Tu te dépêches pour arriver à l'heure.
- Je m'échauffe la voix pour chanter.
- Le chat avance avec prudence.

38 **Fais des phrases pour répondre aux questions.**
- Où habites-tu ?
- Pourquoi parles-tu tout bas ?
- Quand viendra-t-elle nous voir ?
- Comment le chauffeur du bus conduit-il ?

Découvrir les adverbes

39 **Recopie et entoure les adverbes.**
- Lou court rapidement.
- Je reprends souvent du dessert.
- Le film a duré longtemps.
- Je mange le fromage d'abord.

40 **Indique à partir de quels adjectifs sont formés ces adverbes en -ment.**
- bravement
- justement
- heureusement
- curieusement

41 **Recopie avec l'adverbe qui convient :**
trop – brusquement – plus – faiblement.
- J'aime ... la vanille que le chocolat.
- La lumière éclaire ... : on ne voit rien.
- Tu regardes ... la télévision.
- Il referme ... la porte car il est énervé.

Dictées préparées

En **rouge** : rappel des mots du jour de chaque leçon.

La phrase
Aujourd'hui, à l'école, nous organisons **une pêche** à la ligne. Il y a plein de surprises !

La phrase affirmative et la phrase négative
Nina **a du chagrin** : elle n'a pas envie de se promener. Elle préfère rester dans sa chambre.

La phrase interrogative
Est-ce que je peux venir **me blottir** contre toi ? J'ai envie d'un câlin.

Le verbe
L'araignée **tisse sa toile** en deux heures. Elle se place ensuite au milieu. Elle attend son repas.

Le sujet du verbe (1)
Mes amis trouvent que les contes de fées sont pour les **simplets**. Ma petite sœur n'est pas d'accord.

Les noms communs et les noms propres
Karine et Patrick n'ont pas les mêmes **goûts** : Karine préfère manger salé, Patrick préfère manger sucré.

Les déterminants
Au **pôle** Nord, il y a des animaux qui ne craignent pas le froid : l'ours, le renard polaire, les phoques, la sterne…

Le genre des noms
Le phare aide le marin à se repérer sur la mer. La nuit, la lumière du phare guide le bateau.

Le nombre des noms
Au printemps, **les bourgeons** fleurissent sur les arbres. Ce matin, j'ai aussi vu un bourgeon de rose.

L'adjectif qualificatif
Le voleur est entré dans la petite maison calme. Il a volé de jolis bijoux et des objets précieux.

Le groupe nominal
Le trapéziste **agile** fait de belles figures sur son trapèze. Les enfants effrayés ont peur pour lui.

Les pronoms personnels sujets
Le marronnier trône dans la forêt. Il est majestueux et il a des branches robustes. Ses fruits sont les marrons. Ils ne sont pas bons à manger.

Le sujet du verbe (2)
Alice est malade, elle ne pourra pas aller à **sa compétition** de gymnastique ! La petite fille est déçue.

Découvrir la circonstance
Ce matin, le lion a couru rapidement pour attraper une antilope. Cet après-midi, il se repose près d'un arbre de **la savane**.

Découvrir les adverbes
Papa emballe **soigneusement** ses cadeaux de Noël. Ensuite, il les cache rapidement : les enfants sont très curieux.

Conjugaison

Passé, présent, futur

Le mot du jour
les échecs
Faire émerger la définition.
Certains y jouent-ils ?

Plus tard, …

Avant, …

Aujourd'hui, …

Je cherche + Matériel

a. **Observe les dessins et lis les mots en rouge.**
Associe chaque étiquette au mot en rouge qui convient :

je jouerai aux échecs. | je jouais avec des cubes. | je joue aux billes.

b. **Classe les phrases obtenues, de la plus ancienne à la plus récente.**

c. **Observe les phrases. Que remarques-tu pour le verbe ?**

J'apprends

- On distingue **trois grands moments dans le temps** :

Passé	**Présent**	**Futur**
ce qui s'est passé	ce qui se passe	ce qui se passera

- Certains mots permettent de savoir **quand** l'action se passe.
  Autrefois, les hommes habitaient dans des grottes.
  Aujourd'hui, les hommes habitent dans des maisons.
  Dans 100 ans, les hommes habiteront peut-être sur une autre planète.

Le mot qui **change en fonction du temps** est le **verbe** : on dit qu'il **se conjugue**.

Je m'exerce à mon rythme + EXOS

1 **Reformule la règle.**
On distingue trois grands moments dans le temps : le passé, le … et le … .

Reconnaître et utiliser les indicateurs de temps

COLLECTIF

2 **Pour chaque phrase, dis quel groupe de mots t'indique quand se passe l'action. Puis dis si la phrase est au passé, au présent ou au futur.**
- L'hiver dernier, j'ai fait de la luge.
- Le matin, je suis toujours en retard.
- L'année prochaine, j'entrerai en CE2.
- L'année dernière, j'ai appris à lire.

3 **Classe les expressions en trois colonnes : Passé / Présent / Futur.**

* demain • la semaine dernière • maintenant • dans dix jours • hier • aujourd'hui

** le printemps prochain • actuellement • l'été dernier • à présent • mardi dernier

4 **Recopie et complète avec le groupe de mots qui convient.**

* maintenant – dans dix ans – l'année dernière

- … , Djibril était en Tunisie. • … , il habite en France. • … , il vivra aux États-Unis.

** de nos jours – cet après-midi – demain midi – il y a trois ans

- Luce montera à cheval … .
- … , les enfants sont curieux.
- Il a quitté son pays … .
- … , je mangerai des frites.

Reconnaître et utiliser les temps verbaux

COLLECTIF

5 **Pour chaque phrase, indique si le verbe est au passé, au présent ou au futur.**

- Il sort le rôti du four.
- Ils ont fait des crêpes hier.
- Elle portera le carton.
- Elle a rangé sa robe de mariée.
- Je prendrai le temps de t'expliquer les mathématiques.
- Elle est maîtresse d'école dans un petit village.

6 **Recopie et complète avec le verbe qui convient.**

*
- L'été dernier, il (*a fait/fera*) beau.
- L'hiver prochain, il (*neige/neigera*).
- Demain matin, la pluie (*tombe/tombera*).
- Il (*fait/faisait*) très beau aujourd'hui.

** En ce moment, je (*suis/serai*) en classe et j'(*écoute/écouterai*) la maîtresse. Samedi dernier, je (*vais/suis allé*) chez ma grand-mère et nous (*avons joué/jouerons*) dans le jardin avec mes cousins. La semaine prochaine, je (*serai/suis*) en vacances.

Je repère dans un texte

7 **Lis ce texte. Dis si les verbes soulignés expriment le présent, le futur ou le passé.**

Vous connaissez Charlotte ? Le matin, elle arrive toujours en retard à l'école. […]. Même qu'hier, la maîtresse, madame Parmentier, lui a dit :

— Écoute, Charlotte, ça ne peut plus durer comme ça ! Depuis la rentrée, tu es tous les jours en retard ! Je te préviens, la prochaine fois, tu iras directement chez monsieur le directeur avant de venir ici.

J'ai trouvé que la maîtresse n'était pas très gentille avec Charlotte.

PAKITA, *Charlotte est encore en retard*, Éd. Rageot.

J'écris

8 **Observe bien les dessins. Écris trois phrases pour raconter ce qui se passe.**

La semaine dernière...

1. J'ai planté...

Aujourd'hui...

2. J'arrose...

Dans huit semaines...

3. Je récolterai...

L'infinitif du verbe

Le mot du jour
g, cL
Expliquer les abréviations utilisées en cuisine.

Pomme au four fourrée au pain d'épice

Ingrédients
- *1 pomme*
- *30 g de pain d'épice*
- *10 cL de lait*

Préparation

1. Laver et essuyer la pomme. La creuser grâce à un vide-pomme (sans percer le fond de la pomme !). Poser la pomme dans un ramequin avec un peu d'eau.
2. Mixer le pain d'épice. Chauffer le lait. Ajouter le pain d'épice et mélanger.
3. Verser ce mélange dans la pomme.
4. Mettre au four pendant 20 min (210 °C).

Je cherche

a. **Lis le texte. Repère tous les verbes.**

b. **Léo a décidé de cuisiner cette recette.**
Décris tout ce qu'il fait en commençant tes phrases par « Léo ... + le verbe ».
Exemple : Léo lave et essuie la pomme.

c. **Compare les phrases obtenues au texte de départ. Qu'est-ce qui a changé ?**

J'apprends

- Quand un verbe est conjugué, il change de forme.
Quand un verbe n'est pas conjugué, on dit qu'il est à l'**infinitif**.
jouer, ***prendre***, ***finir***, ***faire***, ***reconnaître***, ***avaler***...
- Les verbes qui se terminent par **-er** à l'infinitif sont des verbes du **1er groupe** (sauf **aller**).
- Pour trouver l'infinitif d'un verbe, on peut utiliser « **Il faut... + le verbe** ».
Je jongle. → ***Il faut jongler***.

Je m'exerce à mon rythme

+EXOS

1 **Reformule la règle.**
Quand le verbe est à ... , il ne change pas de forme.

Distinguer le verbe à l'infinitif du verbe conjugué

COLLECTIF

2 **Repère les verbes à l'infinitif parmi ces mots.**
Pour t'aider, tu peux dire Il faut avant chaque mot.
rire • dire • rentre • rentrer • chanter • chant • chanteur • partir • partition • part • faire • faisan • friser • froid • refroidir • prendre • précis

3 **Classe les verbes en deux colonnes : Verbes conjugués / Verbes à l'infinitif.**

* manger • changent • ranger • pencher • chantaient • danser • téléphones

** prendre • saute • recevoir • pensez • décevoir • faites • cassons • obéissent • garer • organisez • bondir • réciter

4 **Recopie chaque liste de verbes et entoure l'infinitif.**

* **a.** jouons • jouent • joues • jouer **b.** donner • donnez • donne • donnent

** **c.** faisons • fait • faire • fais **d.** venir • viens • venons • viennent

Trouver l'infinitif d'un verbe

COLLECTIF

5 **Associe chaque verbe conjugué (liste 1) à son infinitif (liste 2).**

1. je lave • elle punit • il mange • ils attendent • nous savons
2. manger • attendre • laver • savoir • punir

6 **Recopie chaque verbe conjugué et donne son infinitif.**

*
- Le chasseur chasse les pigeons.
- Les voitures roulent à droite.
- Le tonnerre gronde au loin.
- Lucien avale un grand verre de lait.

**
- Vous êtes toujours à l'heure.
- Tu as un joli manteau.
- Marc va en vacances à la mer.
- Maman fait des cookies avec nous.

7 **Recopie les phrases en remplaçant chaque verbe conjugué par son infinitif.**

*
- Encadre le sujet.
- Colle la feuille.
- Observe les phrases.
- Complète le texte.

**
- Va dans le couloir.
- Viens au bureau.
- Dis la bonne réponse.
- Sois attentif.

Je repère dans un texte

8 **Lis ce texte. Recopie les quatre verbes à l'infinitif.**

Il était une fois une petite souris nommée Zaza qui aimait faire des collections : de plumes, de poils, de miettes, de graines ; bref, de n'importe quoi. Zaza pouvait ranger ses trouvailles dans sa chambre, dans le plus grand secret. Un matin, l'envie vient à Zaza de collectionner des mots. Où trouver des mots ? Rien de plus simple : les journaux, les livres en sont pleins, et les chansons et les conversations.

Jacqueline COHEN et Bernadette DESPRÉS, *Les mots de Zaza*, D.R.

J'écris

9 **Écris la notice de fabrication de ce masque de tigre. Utilise des verbes à l'infinitif.**

1. D...

2. P...

3. D...

4. A...

Les personnes de la conjugaison

Le mot du jour
un exploit
Faire émerger la définition.
Employer ce mot dans des phrases.

Le grand footballeur Tondu raconte son dernier exploit.

Je cherche

a. Lis le texte. Repère les petits mots en bleu. Qui désignent-ils ?

b. Imagine que c'est toute l'équipe de football qui raconte son exploit. Transforme le texte en remplaçant je par nous : que se passe-t-il ?

J'apprends

- Le **verbe change en fonction de la personne** : il **se conjugue**.
  je joue, tu joues, il joue, nous jouons, vous jouez, ils jouent
- On conjugue les verbes avec des **pronoms personnels**.
  Ces pronoms sont les **personnes de la conjugaison**.
  – je : 1re personne du singulier → je = moi
  – tu : 2e personne du singulier → tu = toi
  – il, elle, on : 3e personne du singulier
  – nous : 1re personne du pluriel → nous = moi + une autre personne
  – vous : 2e personne du pluriel → vous = toi + une autre personne
  – ils, elles : 3e personne du pluriel
- Les pronoms peuvent remplacer des noms.
  Gilles et moi allons au parc. → *Nous allons au parc.*

Je m'exerce à mon rythme

+EXOS

1 Reformule la règle.
On conjugue les verbes avec des ... qu'on appelle les ... de la conjugaison.

Reconnaître les personnes de la conjugaison

COLLECTIF
2 Retrouve les pronoms personnels.
je • jeu • tuile • tu • tue • elle • aile • belle • il • île • ville • Nil • on • ont • vont • sont • nous • notre • votre • vous • vos • os • elles • gazelles • ils • fils • fil

3 **Recopie et entoure les pronoms personnels.**

* elle chante • il joue • nous déjeunons • ils rangent • je choisis

** • Vous décidez de partir plus tard. • Tu prends des décisions importantes. • Je souhaite devenir hôtesse de l'air. • Nous sommes restés à la maison.

4 **Indique quelle est la personne de la conjugaison de ces verbes.**

Exemple : il s'amuse → il = 3e personne du singulier

* elle marche • ils s'allongent • nous respirons • j'enregistre

** • Elles ouvrent leur sac. • Je préfère les chansons américaines. • Vous êtes enfin tombés d'accord. • Tu me prêtes ton livre de pirates ?

Utiliser les personnes de la conjugaison

COLLECTIF

5 **Complète chaque phrase avec le pronom personnel qui convient.**

je – nous – vous – elle – vous – nous

- Aimez-... le poulet avec des frites ?
- ... enfile sa robe rose pour sortir.
- ... mange des haricots.
- ... cherchons une place de parking.
- Peut-être que ... viendrez avec nous ce soir ?
- Désormais, ... sortons le chien à 20 heures.

6 **Recopie avec le verbe qui convient.**

* je (*viens/venons*) • elle (*arrivez/arrive*) • tu (*sais/savez*) • ils (*laissez/laissent*)

** • Elles ne (*savent/sais*) pas son nom. • Vous (*ignorons/ignorez*) leur identité. • Tu (*crois/croyez*) leurs histoires. • Nous (*remplace/remplaçons*) le tuyau.

7 **Remplace chaque groupe sujet par le pronom personnel qui convient.**

* • Les chiens aboient. • L'écolière écrit. • La maîtresse dicte. • Eliot et moi sommes amis.

** • Le directeur appelle les élèves. • Sandrine et toi préparez les valises. • Julian et moi apportons les cartons. • Elsa et Marie élèvent leurs enfants.

Je repère dans un texte

8 **Lis ce texte. Recopie les pronoms soulignés et indique quelle personne ils désignent.**

Ce soir, c'est le bal du printemps. Gladys, Noémie et Achille préparent la fête gaiement. Gladys propose de décorer les arbres. Soudain, Gladys réalise qu'elle n'a pas de cavalier pour le bal. Ah ! Si j'étais aussi jolie que Noémie, on m'inviterait à danser, se dit-elle tristement.

Gladys rentre chez elle et réfléchit. Comment faire pour ressembler à Noémie ? Et si je commençais par teindre ma robe en rose, se dit-elle.

Le bal du printemps, J'apprends à lire avec les copains de la forêt, Éd. Hachette.

J'écris

9 **Imagine ce que peut dire chaque personnage.**

Identifier le présent

Le mot du jour
une plantation
Faire émerger la définition.
Trouver le verbe de la même famille.

Je cherche

a. **Observe les verbes en rouge. Quand se passe cette histoire ?**

b. **À quel temps sont conjugués les verbes : passé, présent ou futur ? Quels mots nous aident à le savoir ?**

J'apprends

- On conjugue les verbes au **présent** pour raconter ce qui se passe **au moment où l'on parle.**
  *Je **regarde** mon frère. Tu **marches** dans la forêt.*
- Parfois, certains mots de la phrase aident à identifier le présent.
  ***Aujourd'hui**, je joue dans la cour. **En ce moment**, les enfants sont en classe.*

Conjugaison

Je m'exerce à mon rythme

+EXOS

1 Reformule la règle.
Pour dire ce qui se passe au moment où l'on parle, on conjugue le verbe au … .

Reconnaître les verbes conjugués au présent

COLLECTIF
2 Mime une action et raconte ce que tu es en train de faire. Emploie le présent. Donne l'infinitif de tes verbes.
Exemple : Je monte l'escalier, je sonne à la porte…

3 Recopie seulement les phrases au présent. Puis souligne le verbe.

*
- Cette année, je suis en classe de CE1.
- Hier, papa est rentré tard.
- Maintenant, tu écris sur ton cahier.
- Demain, nous partirons en voyage.

** La semaine dernière, nous avons préparé la sortie au musée. Ce matin, nous visitons la salle des grands peintres. J'admire ce tableau de Monet.

4 **Recopie seulement les verbes conjugués au présent.**
Pour t'aider, tu peux ajouter maintenant ou aujourd'hui devant les verbes.

* je mange • nous parlons • tu marchais • vous jouez • elle pleure • il était parti • tu respires • elles sautent

** tu viens • je passe • vous finissez • il pense • tu roules • tu sortiras • nous crions • nous rions • ils voyagent • elles montèrent

Savoir quand employer le présent

COLLECTIF

5 **Transforme au présent en commençant tes phrases par Aujourd'hui.**

Exemple : Hier, tu es parti. → Aujourd'hui, tu pars.

- Hier, j'ai joué dans la cour.
- Demain, vous mangerez à la cantine.
- L'année dernière, ils étaient là.
- La semaine prochaine, nous aurons le temps.

6 **Recopie en choisissant le verbe qui convient.**

*
- En ce moment, les arbres (*perdent/ont perdu*) leurs feuilles.
- Maintenant, mon frère (*ira/va*) au collège.
- Demain, nous (*serons/sommes*) en pleine forme.

** En ce moment, les pêcheurs (*étaient/sont*) sur leur bateau, ils (*pêchent/ont pêché*) des poissons. La semaine prochaine, ils (*rentrent/rentreront*) au port.

7 **Recopie en complétant avec le verbe qui convient.**

* existait – serai – possède – dort
- En ce moment, le chat ... sur le canapé.
- Maintenant, tout le monde ... un téléphone.
- Dans quatre ans, je ... au collège.
- Autrefois, la télévision n'... pas.

** dressent – arrive – irons – défilent – donneront

Le cirque ... dans le village. Des forains ... le chapiteau pendant que quelques artistes ... dans la rue. Demain, ils ... une représentation. Nous ... les admirer.

Je repère dans un texte

8 **Lis ce texte. Recopie au moins cinq verbes au présent.**

Depuis deux jours, ça ne va plus du tout à l'école. Ça ne va plus du tout, du tout, du tout. La maîtresse, d'habitude, c'est la plus chouette des chouettes maîtresses. Mais tout à coup, elle est drôlement bizarre.

Elle arrive en retard le matin. Elle devient toute rouge sans raison. Elle se ronge les ongles. Elle se prend les pieds dans la moquette. […]

Elle est foldingue, ou quoi, la maîtresse ?

Sylvie DE MATHUISIEULX, *La maîtresse est foldingue*, Éd. Milan.

J'écris

9 **Décris cette photo en trois phrases.**
Utilise les verbes :
nage, regarde, plonge.

Conjuguer les verbes en -er au présent

Le mot du jour
bâiller
Faire émerger la définition. Donner des mots de la même famille, chercher des situations où l'on bâille.

Le chat regarde le feu dans la cheminée,
il bâille, s'étire, ses yeux se ferment.
Il s'enroule bientôt sur le tapis
et ronronne de plaisir.
Tu rêves, petit chat ?

je cherche + Matériel

a. **Lis le texte, observe les verbes en rouge. À quel temps sont-ils conjugués ? À quelles personnes ?**

b. **Trouve leur infinitif. Par quelles lettres se termine-t-il ?**

c. **Observe les terminaisons des verbes soulignés. Quelles différences vois-tu ?**

d. **Complète la conjugaison du verbe en t'aidant des étiquettes :**
– **regarder au présent** : je ... , tu ... , il regarde, nous ... , vous ... , ils ...

regardons • regarde • regardent • regardez • regardes

j'apprends

- Les verbes qui se terminent par -**er** sont des verbes du **1er groupe** (sauf **aller**).
- Au présent, les terminaisons des verbes en -**er** sont -**e**, -**es**, -**e**, -**ons**, -**ez**, -**ent**.

chanter au présent

je chant**e**	nous chant**ons**
tu chant**es**	vous chant**ez**
il/elle chant**e**	ils/elles chant**ent**

je m'exerce à mon rythme +EXOS

1 **Reformule la règle.**
Les verbes qui se terminent par -er à l'infinitif sont des verbes du ... groupe.
Au présent, les terminaisons des verbes en -er sont : -e, -... , -... , -ons , -... , -... .

Associer sujet et verbe au présent

2 COLLECTIF **Récris la phrase en changeant le sujet.**
Pauline chante. → Nous ... . • Tu ... . • Vous ... . • Pauline et Lucas ... . • Je ... .

3 **Recopie en écrivant le bon pronom personnel.**
Il peut y avoir plusieurs bonnes réponses !
* (*je/nous*) parle • (*vous/tu*) parlez • (*il/ils*) parlent • (*je/tu*) parles
** ... observez • ... arrives • ... colorions • ... marche • ... discutent

4 **Recopie et complète avec le verbe qui convient.**

* ferme – arroses – roulent – aimons

Tu ... les plantes. • Nous ... les bonbons. • Je ... la porte. • Les voitures ... vite.

** galopent – promènes – observe – tirez – adorons

J'... les chevaux du manège. Tu te ... avec ton frère dans la forêt. Les chevaux ... , vous ... sur les rênes pour les ralentir. Nous ... ces merveilleux animaux.

Conjuguer les verbes en *-er* au présent

COLLECTIF

5 **Cherche les verbes du 1er groupe. Conjugue-les au présent.**

parler • savoir • tomber • finir • manger • lancer • faire • danser

6 **Recopie avec le bon verbe conjugué au présent.**

*
- Je (*restes/reste*) à la maison.
- Tu (*travailles/travaillent*) encore.
- Nous (*écoutons/écoutez*) de la musique.
- La nuit (*tombent/tombe*) de bonne heure.

**
- Les roses (*parfumer*) le jardin.
- Je (*frapper*) à la porte avant d'entrer.
- Maman (*apporter*) un gâteau.
- Tu (*savourer*) ce moment.

7 **Récris chaque phrase en remplaçant...**

* il par tu.

Il voyage. → Tu ... . • Il danse. → Tu ... . • Il cherche. • Il raconte. • Il arrive.

** ils par il.
- Ils lavent les escaliers.
- Ils jouent dans la cour.
- Ils terminent le repas.
- Ils aiment les voyages.

Je repère dans un texte

8 **Lis ce texte. Recopie les cinq verbes du 1er groupe conjugués au présent.**

La nuit tombe. La lune brille au-dessus du lac et de la forêt, pareille à un immense œil jaune. Mes parents dorment déjà dans notre caverne. Sifflotin et moi, nous glissons hors de nos couvertures en poils d'ours et quittons discrètement la grotte. Cerise nous attend. Pour la première fois que je la connais, elle semble inquiète. Elle a peur pour son papa !

Paul THIÈS, *Petit Féroce n'a peur de rien*, Éd. Rageot.

J'écris

9 **Décris cette peinture en trois phrases. Utilise les verbes suivants conjugués au présent :**
danser, jouer, manger.

Geneviève PEYRADE,
Le Banquet de noces, 1973.

Conjuguer être et avoir au présent

Le mot du jour
fier
Faire émerger la définition.
Employer ce mot dans des phrases.

Je cherche

a. Observe les verbes en rouge. Sont-ils conjugués ? À quel temps ?
b. Trouve leur infinitif.
c. Dans les phrases soulignées, remplace les joueurs par le joueur et nous par vous. Que devient le verbe ?

J'apprends

Au présent, les verbes **être** et **avoir** se conjuguent en changeant de forme à chaque personne (on dit qu'ils sont **irréguliers**).

être au présent		avoir au présent	
je suis	nous sommes	j'ai	nous avons
tu es	vous êtes	tu as	vous avez
il/elle est	ils/elles sont	il/elle a	ils/elles ont

Je m'exerce à mon rythme

+EXOS

1 Recopie et complète les conjugaisons au présent.
– être : je suis, tu … , il … , nous … , vous … , ils … .
– avoir : j'ai, tu … , il … , nous … , vous … , ils … .

Associer sujet et verbe au présent

COLLECTIF
2 Pour chaque verbe, dis s'il s'agit de être ou de avoir.
Complète avec le pronom personnel qui convient.
… a • … sont • … as • … ai • … sommes • … est • … avons •
… avez • … es • … ont • … êtes • … suis

3 **Recopie en écrivant le bon pronom personnel. De quel verbe s'agit-il ?**

* (*nous/on*) sommes • (*je/tu*) es • (*elle/elles*) sont • (*vous/nous*) êtes • (*ils/il*) est

** • ... suis content. • ... sommes courageux. • ... est en avance. • ... êtes en vacances.

4 **Recopie en écrivant le bon pronom personnel. De quel verbe s'agit-il ?**

* (*tu/il*) a • (*il/ils*) ont • (*nous/vous*) avons • (*tu/j'*) as • (*vous/nous*) avez • (*il/j'*) ai

** • ... as le temps. • ... ont raison. • ... ai un chien.
• ... avez chaud. • ... a une bonne note. • ... avons faim.

Conjuguer les verbes *être* et *avoir* au présent

COLLECTIF

5 **Réponds aux questions avec une phrase et dis de quel verbe il s'agit.**

Exemple : Es-tu patient ? → Oui, je suis patient. (verbe ***être****)*

Es-tu content ? • Avez-vous faim ? • As-tu peur ? • Êtes-vous prêts ?

6 **Recopie et complète avec...**

* as ou a : Il ... soif. • Tu ... de la fièvre. • Elle ... un frère.
es ou est : Tu ... surpris. • On ... libre. • Il ... le premier.

** as, a, es ou est :
• Tu ... le plus fort.
• Tu ... tort de rester.
• Julie ... une jolie petite fille.
• Elle ... de beaux vêtements.

7 **Recopie et complète avec être ou avoir conjugués au présent.**

* tu (*être*) • nous (*avoir*) • vous (*être*) • elle (*avoir*) • nous (*être*) • je (*être*)

** • J'(*avoir*) un beau vélo.
• Tu (*avoir*) un nouveau copain.
• Léo et Marie (*être*) à la montagne.
• Vous (*être*) de bons amis.
• Le chat (*être*) noir.
• Nous (*avoir*) des jeux vidéo.

Je repère dans un texte

8 **Lis le texte. Recopie chaque verbe souligné et dis s'il s'agit de être ou de avoir.**

Le bateau d'Adrien, c'<u>est</u> un vieux, un tout vieux bateau qui ne sert plus à personne. […] Maintenant, le bateau <u>est</u> là, penché sur le côté, en partie enfoncé dans le sable fin.

Personne ne va jamais là.

Personne, sauf les enfants qui y <u>sont</u> tous les jours de beau temps.

Ils jouent. Ils imaginent qu'il n'y <u>a</u> plus de vent. Le bateau ne peut plus avancer. […] Puis le vent se lève enfin et le bateau repart.

M. PEDOJA, *Le bateau d'Adrien*, D.R.

J'écris

9 **Choisis un personnage et décris-le en utilisant les verbes être et avoir au présent. Tes camarades doivent retrouver le personnage que tu as choisi.**

Conjuguer faire et aller au présent

Le mot du jour
la poterie
Faire émerger la définition, trouver des mots de la même famille.

Maman **va** à l'atelier de poterie le samedi. Je **vais** parfois avec elle. Elle **fait** des bols magnifiques. Ensemble, nous **faisons** des assiettes. Les autres personnes **font** des vases et des tasses. Et vous, **allez**-vous parfois faire de la poterie ?

Je cherche

+ Matériel

a. Lis ce texte. Observe les verbes en rouge. Sont-ils conjugués ? À quel temps ?

b. Classe les verbes en rouge en deux colonnes : Faire / Aller.

c. Observe les différentes conjugaisons du verbe aller. Que remarques-tu ?

J'apprends

Les verbes **faire** et **aller** appartiennent au **3e groupe**. Ce sont des verbes irréguliers.

faire au présent		**aller au présent**	
je **fais**	nous **faisons**	je **vais**	nous **allons**
tu **fais**	vous **faites**	tu **vas**	vous **allez**
il/elle **fait**	ils/elles **font**	il/elle **va**	ils/elles **vont**

Je m'exerce à mon rythme

+ EXOS

1 **Recopie et complète les conjugaisons au présent.**
– faire : je fais, tu … , il … , nous … , vous … , ils … .
– aller : je vais, tu … , il … , nous … , vous … , ils … .

Associer sujet et verbe au présent

2 COLLECTIF **Pour chaque verbe, dis s'il s'agit de faire ou de aller. Complète avec le pronom personnel qui convient.**
… va • … fais • … vais • … vont • … fait • … faisons •… faites • … font • … allons • … vas • … allez

3 **Recopie en écrivant le bon pronom personnel. De quel verbe s'agit-il ?**

* (*elle/elles*) vont • (*nous/vous*) allons • (*tu/je*) vais • (*tu/il*) vas • (*vous/nous*) allez • (*il/tu*) va

** • ... vais en vacances au Portugal.
• ... allez souvent à la mer.
• ... vas partir longtemps.
• ... allons au cinéma samedi soir.
• ... va rendre visite à un ami.
• ... vont à la plage le matin.

4 **Recopie en écrivant le bon pronom personnel. De quel verbe s'agit-il ?**

* (*il/tu*) fais • (*ils/il*) fait • (*ils/nous*) font • (*nous/vous*) faisons • (*il/je*) fais • (*vous/nous*) faites

** • ... fait une grande promenade.
• ... fais un bon gâteau.
• ... font beaucoup de bruit.
• ... faites un signe pour dire au revoir.

Conjuguer les verbes *faire* et *aller* au présent

COLLECTIF

5 **Conjugue au présent :** • faire des crêpes • aller à la piscine.

6 **Recopie avec le bon verbe conjugué au présent.**

* • Il (*fait/vais*) du vélo.
• Nous (*faisons/faites*) nos devoirs.
• Ils (*font/vont*) le trajet à pied.
• Elle (*va/vas*) à la gare.

** • Où (*aller*)-tu après l'école ?
• Vous (*faire*) peur aux petits !
• Nous (*aller*) chercher des champignons.
• Tu (*faire*) la dictée et il (*faire*) la lecture.

7 **Récris en changeant le sujet.**

* • il fait → tu ...
• il va → ils ...
• vous faites → ils ...
• nous allons → je ...

** • Nous faisons du vélo. → Je ...
• Tu vas au musée. → Nous ...
• Léo et Marie vont au ski. → Nous ...
• Tu fais la cuisine. → Vous ...

Je repère dans un texte

8 **Lis ce poème. Recopie le verbe aller et le verbe faire conjugués.**

Dans la glace

Je regarde dans la glace
Et je vois quelqu'un en face
Qui se gratte les oreilles
Puis va toucher ses orteils,
Se chatouille sous les bras,
Avance d'un petit pas.
Il se tapote le front,
Il se pince le menton,
Puis il me fait une grimace !
Mais qui donc est dans la glace ?

Corinne ALBAUT, « Dans la glace ».

J'écris

9 **Décris ce que font les enfants en utilisant les verbes faire et aller au présent.**

Conjuguer dire et venir au présent

Le mot du jour
le gardien
Faire émerger la définition.
Employer ce mot dans des phrases.

Aujourd'hui, **tu viens** avec moi au parc. En arrivant, **nous disons** bonjour au gardien. Il est toujours gentil avec les enfants qui **viennent** jouer, il **dit** que nous sommes un peu ses petits… Nous **venons** chaque fois qu'il fait beau !

Je cherche

a. Lis ce texte. Observe les verbes en rouge. Sont-ils conjugués ? À quel temps ?
b. Trouve leur infinitif.
c. Dans « tu viens », remplace tu par : je • il • vous.
Dans « nous disons », remplace nous par : je • tu • vous • ils.

J'apprends

Les verbes **dire** et **venir** appartiennent au **3e groupe**. Ce sont des verbes irréguliers.

dire au présent		**venir** au présent	
je **dis**	nous **disons**	je **viens**	nous **venons**
tu **dis**	vous **dites**	tu **viens**	vous **venez**
il/elle **dit**	ils/elles **disent**	il/elle **vient**	ils/elles **viennent**

Conjugaison

Je m'exerce à mon rythme

+EXOS

1 Recopie et complète les conjugaisons au présent.
– dire : je dis, tu … , il … , nous … , vous … , ils … .
– venir : je viens, tu … , il … , nous … , vous … , ils … .

Associer sujet et verbe au présent

COLLECTIF
2 Pour chaque verbe, dis s'il s'agit de dire ou de venir.
Complète avec le pronom personnel qui convient.
… dit • … viens • … dis • … vient • … disons • … venons • … viennent • … dites • … dlsent • … venez

3 Recopie en écrivant le bon pronom personnel. De quel verbe s'agit-il ?
* (*vous/nous*) disons • (*tu/ils*) disent • (*je/il*) dis • (*tu/vous*) dites • (*il/ils*) dit
** • … ne dites rien.
• … disons ce qu'il faut faire.
• … disent une poésie.
• … dis une blague.

4 **Recopie en écrivant le bon pronom personnel. De quel verbe s'agit-il ?**

* (*il/tu*) viens • (*elles/elle*) viennent • (*nous/vous*) venons • (*ils/il*) vient

** • ... vient rendre visite à un ami.
• ... venons à neuf heures.
• ... venez souvent à la mer.
• ... viennent chez nous ce soir.
• ... viens avec mon mari.
• ... viens en vacances avec nous.

Conjuguer les verbes *dire* et *venir* au présent

COLLECTIF
5 **Conjugue au présent :** • dire un poème • venir en voiture.

6 **Recopie avec le bon verbe conjugué au présent.**

* • Il (*viens/vient*) en vélo.
• Nous (*disons/dites*) des bêtises.
• Ils (*viennent/vient*) souvent le jeudi.
• Elle (*dis/dit*) son nom au maître.

** • Nous (*venir*) en car à l'école.
• Vous (*dire*) la même chose que moi.
• Que (*dire*)-tu de cet album ?
• Tu (*venir*) avec nous à la piscine.
• Hassan (*dire*) qu'il nage très bien.
• Les élèves (*venir*) de partir au stade.

7 **Récris en changeant le sujet.**

* • il dit → tu ...
• il vient → ils ...
• vous venez → je ...
• vous dites → tu ...
• elle dit → tu ...
• nous disons → je ...

** • Je dis la vérité. → Vous ...
• Tu viens souvent. → Nous ...
• Ali et Nadia viennent du Maroc. → Vous ...
• Elle dit toujours bonjour. → Vous ...

Je repère dans un texte

8 **Lis le texte. Recopie les verbes venir et dire et dis à quelle personne ils sont conjugués dans ce texte.**

Ce jour-là, Madame Dupond-Dupont vient chercher sa fille à l'école. Et que voit-elle ? Notre Minouchette sautant de joie qui se jette dans ses bras en répétant à tue-tête :

— Chouette Maman, j'ai des poux ! j'ai des poux ! j'ai des poux !

— Tu es folle ! Veux-tu bien te taire, petite malheureuse ! dit à voix basse Madame Dupond-Dupont en entraînant sa fille.

Jean-Pierre KERLOC'H, *Chouette, j'ai des poux !*, Éd. SEDRAP.

J'écris

9 **Décris cette illustration en utilisant les verbes dire et venir conjugués au présent.**

Identifier le futur

Le mot du jour
un métier
Faire émerger la définition.
Donner des exemples.

Simon raconte ce qu'il fera quand il sera en Afrique avec son ami Fofana.

Jouer, ce **sera** un peu notre travail !
Donc, pour commencer, avec Fofana, on **s'amusera** à cache-cache dans les herbes hautes : elles nous **chatouilleront** le nez et on **rigolera** bien. Rigoler, c'est sérieux ! Ce **sera** aussi notre métier. Après, on **montera** sur le dos des zèbres sauvages et puis on **sautera** au-dessus des lions endormis au soleil. Quand ces gros fainéants se **réveilleront**, on **sera** déjà loin, très loin, à galoper dans la savane !

Marc CANTIN, *Demain je serai africain*, Éd. Rageot.

Je cherche

a. Lis ce texte. Simon et Fofana ont-ils déjà fait tout cela ? Quand vont-ils le faire ?
b. Observe les verbes en rouge. Sont-ils conjugués au passé, au présent, au futur ?
c. Cherche les infinitifs de ces verbes. Que remarques-tu ?

J'apprends

- On conjugue les verbes **au futur** pour raconter quelque chose qui va se passer **prochainement ou dans longtemps.**
  *Je **chercherai** mon manteau plus tard. Tu **prendras** l'avion quand tu **seras** grand.*
  Le futur est généralement **formé à partir de l'infinitif du verbe.**
- Parfois, certains mots de la phrase aident à identifier le futur.
  ***Plus tard**, je serai astronaute. Je chanterai **demain**.*

Je m'exerce à mon rythme

+EXOS

1 **Reformule la règle.**
Le futur indique quelque chose qui se passera … .

Reconnaître les verbes conjugués au futur

COLLECTIF
2 **Relève les verbes qui sont au futur.**
Pour t'aider, tu peux dire demain avant chaque verbe.
je vengerai • elle marchait • il souhaitait • elle pense • tu comprendras • j'utiliserai • ils associeront • je dormirai • tu saisissais • vous verrez • ils iront • il a fini

3 **Recopie seulement les phrases au futur.**

* • Demain, ils arriveront en Afrique. • Mardi prochain, je ne manquerai pas mon train.
• Ce soir, je monte dans l'avion. • Il prendra le bus plus tard.

** Avec Marion, nous avons décidé de fabriquer des cadres photos. Demain matin, j'achèterai des cadres et de la peinture. Puis, demain après-midi, nous peindrons nos cadres. J'espère que Marion pensera aux pinceaux.

4 **Classe les verbes en deux colonnes : Futur / Autres temps.**

* • Il s'approche de plus en plus. • Ils réfléchiront sur le sujet.
• Vous déciderez plus tard. • Nous commençons notre voyage.

** • Il a lu ce livre il y a longtemps. • Ils danseront toute la nuit.
• Ils apprendront leurs leçons samedi. • Elles ont mangé tout le gâteau.

Savoir quand employer le futur

COLLECTIF

5 **Transforme au futur en commençant tes phrases par Demain.**

• Je fabrique une marionnette. • Il est parti en vacances.
• Tu apprends tes leçons. • Nous préférons les tartelettes.

6 **Recopie en choisissant le verbe qui convient.**

* • Demain, il (*fait/fera*) les courses. • Dans un an, il (*entrera/entre*) au collège.
• Cet été, nous (*allons/irons*) à Bayonne. • La semaine prochaine, elle (*est/sera*) là.

** • Elles (*guériront/ont guéri*) quand elles auront vu le médecin.
• Ils (*repartent/repartiront*) dès que la voiture sera réparée.
• Nous (*avons terminé/terminerons*) notre livre avant de nous coucher.

Je repère dans un texte

7 **Lis ce texte. Recopie les trois verbes conjugués au futur.**

Marine a acheté un animal, un petit campagnol, sans en parler à sa mère…
Une fois dans ma chambre, je murmure à mon campagnol :
— Je vais te cacher ici. Tu es si petit. Dans quelques jours, je te montrerai à Maman. Elle verra que je me suis bien occupée de toi, et ce sera la preuve que je peux te garder !

Hélène SUZZONI, *Petit Motus et grands soucis*, J'aime Lire n° 320, Bayard Presse.

J'écris

8 **Choisis un jour de cet emploi du temps et raconte ce que feront les élèves ce jour-là. Utilise des verbes au futur.**

Classe de mer : Emploi du temps

	lundi	mardi	mercredi	jeudi	vendredi
matin	Excursion	Voile	Classe	Voile	Classe
après-midi	Classe	Classe	Excursion	Classe	Baignade

Conjuguer les verbes en -er au futur

Le mot du jour
une légende
Faire émerger la définition.
Donner des exemples.

Chère cousine,
C'est décidé : l'été prochain, tu **passeras** trois semaines chez nous, en Bretagne ! Maman nous **emmènera** à la mer et nous nous **baignerons**. Avec papa, vous vous **baladerez** près de la côte et il te **racontera** toutes les légendes ! Nous **visiterons** la région. Et surtout, tu **goûteras** les délicieuses crêpes de mamie...
Nous t'attendons avec impatience.
Solenn

Je cherche + Matériel

a. Lis ce texte. À quel temps sont conjugués les verbes en rouge ? À quelles personnes ?

b. Trouve leur infinitif. Que remarques-tu ?

c. Observe bien les verbes du texte, puis complète la conjugaison du verbe en t'aidant des étiquettes :
– **visiter au futur :** je visiterai, tu ... , il ... , nous ... , vous ... , ils ...

visiteront • visiterons • visiteras • visiterez • visitera

J'apprends

Au futur, tous les verbes en **-er** (1er groupe) se conjuguent comme **chanter** :

chanter au futur

je chanter**ai**	nous chanter**ons**
tu chanter**as**	vous chanter**ez**
il/elle chanter**a**	ils/elles chanter**ont**

Je m'exerce à mon rythme + EXOS

1 **Recopie et complète les conjugaisons au présent.**
Au futur, tous les verbes du 1er groupe se forment avec les terminaisons suivantes :
-ai, -as, -... , -ons, -... , -... .

Associer sujet et verbe au futur

COLLECTIF
2 **Récris la phrase en changeant le sujet.**
Vous adorerez. → Nous ... . Ils ... . Tu ... . J' ... . Elle ... .

3 **Recopie en écrivant le bon pronom personnel.**

* (*tu/je*) demanderai • (*il/tu*) recherchera • (*vous/nous*) danserez • (*il/ils*) s'inquiéteront • (*ils/nous*) roulerons

** • ... abritera des animaux perdus.
• ... conserverai ma place.
• ... sélectionneront les joueurs.
• ... marcheras le long du trottoir.

4 **Recopie en complétant les verbes avec la terminaison qui convient.**

* -ons, -as, -ez, -ont
• Tu fermer... la porte en sortant.
• Vous préparer... le repas ensemble.
• Ils attaquer... le nid de guêpes.
• Nous former... un groupe solide.

** • Nous décider... demain.
• Je demander... pardon.
• Ils ramasser... les fruits tombés au sol.
• Tu transporter... les valises dans le bus.

Conjuguer les verbes en *-er* au futur

COLLECTIF

5 **Trouve l'infinitif de chaque verbe, puis récris les phrases au futur.**
• Tu surveilles la cuisson du four.
• Vous ne tachez pas vos habits.
• Il protège ses livres en les couvrant.
• Il gagne une récompense pour son résultat.
• Elle dessine un magnifique paysage.
• Nous voyageons en TGV jusqu'à Nice.

6 **Recopie avec le bon verbe conjugué au futur.**

* • Tu (*penser*) à éteindre la lampe.
• Le maire (*marier*) le couple.
• Vous (*deviner*) la fin de cette blague.
• Ils (*savourer*) ce délicieux dessert.

** corriger – rapporter – verser – changer
• Les parents ... la couche du bébé.
• La maîtresse ... les copies avant jeudi.
• Mes amis ... des cadeaux de vacances.
• Nous ... de la grenadine dans nos verres.

Je repère dans un texte

7 **Lis ce texte. Recopie les trois verbes en -er conjugués au futur.**

Simon raconte ce qu'il fera quand il sera en Afrique avec son ami Fofana.

On aura peut-être trop chaud alors on s'abritera à l'ombre des arbres de la forêt. On rendra visite aux gorilles. Ils nous apprendront dix mille acrobaties et on gagnera le grand concours de grimaces organisé chaque après-midi. Parce qu'en grimaces, on est quand même plus forts qu'eux. Au goûter, on boira des oranges pressées. Et on mangera des mangues et des bananes.

Marc CANTIN, *Demain je serai africain*, Éd. Rageot.

J'écris

8 **Imagine la suite de l'histoire de Simon et Fofana en t'aidant des illustrations. Écris deux phrases en utilisant des verbes en -er au futur.**

Conjuguer être et avoir au futur

Le mot du jour
un chevalier
Faire émerger la définition.

Des enfants préparent une pièce de théâtre.

Je serai la sorcière. J'aurai un chat.
Toi, tu seras le chevalier. Tu auras un bouclier !
Susie sera la fée, elle aura
une baguette magique.
Nous serons les meilleurs acteurs !
Nos amis auront envie de jouer avec nous.

Je cherche + Matériel

a. **À quel temps sont conjugués les verbes en rouge ? À quelles personnes ?**

b. **Transforme au présent la phrase soulignée en commençant par Aujourd'hui. Quel est l'infinitif des verbes ?**

c. **Observe bien les verbes du texte, puis complète les conjugaisons :**
- **être au futur** : je ... , tu ... , il ... , nous ... , vous serez, ils seront
- **avoir au futur** : j' ... , tu ... , il ... , nous aurons, vous aurez, ils ...

J'apprends

Au **futur**, les verbes **être** et **avoir** se conjuguent irrégulièrement :
leur conjugaison ne ressemble pas à leur infinitif.

être au futur		avoir au futur	
je **serai**	nous **serons**	j'**aurai**	nous **aurons**
tu **seras**	vous **serez**	tu **auras**	vous **aurez**
il/elle **sera**	ils/elles **seront**	il/elle **aura**	ils/elles **auront**

Je m'exerce à mon rythme + EXOS

1 **Recopie et complète les conjugaisons au futur.**
- être : je **serai**, tu ... , il ... , nous ... , vous ... , ils ... .
- avoir : j'**aurai**, tu ... , il ... , nous ... , vous ... , ils ... .

Associer sujet et verbe au futur

COLLECTIF

2 **Pour chaque verbe, dis s'il s'agit de être ou de avoir. Complète avec le pronom personnel qui convient.**

... auras • ... serez • ... aura • ... serai • ... aurons • ... sera • ... serons • ... aurez • ... seras • ... auront • ... seront • ... aurai

3 **Recopie en écrivant le bon pronom personnel.**

* • (*Nous/Je*) serai enchantée de te voir.
• (*Tu/Vous*) auras sans doute du travail.
• (*Elle/Tu*) sera là à l'heure.
• (*Ils/Nous*) serons ravis de vous voir.

** • La semaine prochaine, ... sera en voyage.
• Dans un an, ... seront au Mexique.
• Cet après-midi, ... serai au parc.
• Demain, ... seras en réunion.

4 **Recopie en complétant les verbes avec la terminaison qui convient.**

* -as, -ons , -a, -ont
• Il aur... une belle surprise.
• Nous ser... prêts.
• Ils ser... présents pour le cadeau.
• Tu aur... un peu de temps.

** • Quand ils ser... arrivés, nous aur... de leurs nouvelles.
• Vous aur... plein de choses à découvrir quand vous ser... à Paris.
• Je ser... là dès que tu aur... besoin de moi.

Conjuguer *être* et *avoir* au futur

COLLECTIF

5 **Récris les phrases avec le sujet proposé.**

• La poule aura des graines. → Les poules ...
• Le garçon aura un ballon. → Les garçons ...
• Le fruit sera assez mûr. → Les fruits ...
• La voiture sera prête. → Les voitures ...

6 **Recopie et complète avec être ou avoir conjugués au futur.**

* • En CE2, vous (*avoir*) un nouveau maître.
• À la rentrée, Agathe (*avoir*) un cartable neuf.
• Pour traverser la route, tu (*être*) prudente.
• Les caves (*être*) inondées à cause de la pluie.

** • Comme je ... le premier, j'... une récompense.
• Il ... excité car il ... un nouvel animal de compagnie à son anniversaire.
• Elles ... embêtées car elles n'... pas assez d'argent pour payer leurs achats.

Je repère dans un texte

7 **Lis ce texte. Recopie les deux formes du verbe être au futur.**

Marine aimerait acheter un campagnol à l'animalerie.

Le marchand hoche la tête :

— […] Écoute, si tu achètes ce campagnol, je te fais cadeau de sa boîte. Ça te coûtera neuf euros en tout, au lieu de dix. Je sais qu'avec toi, il sera heureux ! Enfin, si tes parents sont d'accord… […]

Je dis au marchand :

— Mes parents seront d'accord ! Je vais chercher l'argent, et je reviens !

Hélène SUZZONI, *Petit Motus et grands soucis*, J'aime Lire n° 320, Bayard Presse.

J'écris

8 **Cherche un métier que tu admires et que tu voudrais faire plus tard. Écris deux phrases sur ce que tu seras et ce que tu auras pour exercer ce métier.**

Identifier le passé composé

Le mot du jour
une litière
Faire émerger la définition.
Trouver des mots de la même famille.

Je cherche

a. **Joue les deux scènes avec tes camarades.**

b. **Quand Rose a-t-elle changé l'eau ? Quand les enfants ont-ils changé la litière ?**

c. **Observe les verbes en rouge. De combien de mots sont-ils composés ? À quoi ces mots te font-ils penser ?**

d. **Dans les bulles, retrouve les autres verbes construits avec deux mots. Que remarques-tu ?**

J'apprends

- Le **passé composé** est un **temps du passé**.
  Il sert à **raconter** un événement qui est **déjà arrivé**.
  *Hier, j'**ai mangé** une glace.*
- Au passé composé, le verbe est **composé de deux mots** :
  avoir ou **être** au présent et le **participe passé** du verbe conjugué
  *nous **avons joué*** : **avoir** au présent + participe passé du verbe **jouer**
  *tu **es entré*** : **être** au présent + participe passé du verbe **entrer**
- Le participe passé nous aide à retrouver l'**infinitif** du verbe : *joué* → *jouer*

Je m'exerce à mon rythme

+EXOS

1 **Reformule la règle.**
Pour raconter quelque chose qui s'est déjà passé, on peut utiliser le ... composé.
Au passé composé, le verbe est composé de ... mots.

Reconnaître les verbes conjugués au passé composé

2 COLLECTIF **Raconte une action que tu as faite hier. Emploie le passé composé. Donne l'infinitif de ton verbe.**

3 **Recopie seulement les phrases au passé composé. Souligne les deux parties du verbe.**

* • Hier midi, Marius a dévoré un steak. • Lundi dernier, papa a arrosé les plantes.
• Le vent souffle très fort aujourd'hui. • Demain, nous achèterons des livres.

** La semaine dernière, j'ai attrapé un rhume. Mon nez a coulé pendant plusieurs jours et maman m'a emmené chez le médecin. Maintenant, je me lave le nez le matin.

4 **Recopie seulement les verbes conjugués au passé composé. Écris leur infinitif.**

* je chante • nous avons aimé • je suis rentré • Max a dérapé • elle pleure

** • Claire a oublié son sac. • Nous avons dîné très tard.
• Samira aime les crêpes. • Elles sont restées dans la voiture.

Savoir quand employer le passé composé

5 **Recopie en choisissant le verbe qui convient.**

* • Hier, Pierre (*a joué/joue*) aux cartes.
• Demain, papa (*a regardé/regardera*) le match.
• Samedi dernier, Lucie (*a trouvé/trouvera*) un collier.

** L'année dernière, Rayan et Léa (*ont passé/passent*) des vacances à la mer.
Ils (*ramasseront/ont ramassé*) des coquillages.
Dans un an, ils (*retourneront/sont retournés*) au même endroit.

6 **Recopie en complétant avec le verbe qui convient.**

* **as distribué – a visité – distribuera – visitera**
• Jeudi dernier, Lilou ... un musée. • La fois dernière, tu ... des cartes.
• L'été prochain, on ... l'Espagne. • Demain, Jean ... ses invitations.

** **commandera – a joué – a commandé – joue**
À Noël dernier, Chloé ... une console de jeux. Elle ... avec ses jeux vidéo tout l'hiver. Aujourd'hui, elle ne ... plus avec sa console. Pour Noël prochain, elle ... un ordinateur.

Je repère dans un texte

7 **Lis ce texte. Recopie trois verbes conjugués au passé composé.**

Au Hit Burger, Papa se dispute avec la serveuse.
La serveuse a regardé papa avec des yeux ronds comme des couvercles de gobelet. Elle a murmuré :
— Mais il est complètement cinglé, celui-là...
Derrière nous, il y avait la queue. Un monsieur a protesté :
— Alors, ça avance ou quoi ? On n'a pas que ça à faire !

Thierry LENAIN, *Menu fille ou menu garçon ?*, Éd. Nathan.

J'écris

8 **Écris une phrase sur chaque dessin. Utilise les verbes :**
a joué, a préparé, est tombée.
Pour commencer : Hier, Julie ...

Conjuguer les verbes en -er au passé composé

Le mot du jour
un plongeur
Faire émerger la définition.
Nommer l'équipement.

Marina raconte à Kévin sa sortie à l'aquarium.

— Nous **sommes arrivés** vers 10 h. La maîtresse **a guidé** les garçons. Les filles **sont restées** avec le papa de Léa.

— Tu n'**es** pas **entrée** ?

— Si, je **suis entrée**... Nous **avons traversé** des couloirs sombres avant de découvrir les bassins. Chez les requins, un plongeur **a nettoyé** la vitre avec une éponge !

— Ah ! s'écrie Kévin, effrayé.

Je cherche

+ Matériel

a. **À quel temps sont conjugués les verbes en couleur ?**

b. **Joue le dialogue avec tes camarades.**

c. **Observe bien les verbes du texte. Puis complète les conjugaisons au passé composé en t'aidant des étiquettes :**

– **visiter** : j'... visité, tu as ... , il ... ... , nous ... ... , vous ... ... , ils ... ...

visité • a • ai • avons • avez • ont

– **entrer** : je suis entré, tu ... entré, elle est ... , nous ... ... , vous êtes ... , ils ... ...

entrés • entrée • sommes • sont • es

J'apprends

Le **passé composé** des verbes en **-er** est composé de deux mots :
l'auxiliaire **avoir** ou **être** au présent et le **participe passé** en **-é** du verbe conjugué

jouer au passé composé		**arriver** au passé composé	
j'**ai** joué	nous **avons** joué	je **suis** arrivé(e)	nous **sommes** arrivé(e)s
tu **as** joué	vous **avez** joué	tu **es** arrivé(e)	vous **êtes** arrivé(e)s
il/elle **a** joué	ils/elles **ont** joué	il/elle **est** arrivé(e)	ils/elles **sont** arrivé(e)s
avoir au présent	participe passé du verbe **jouer**	**être** au présent	participe passé du verbe **arriver**

Avec l'auxiliaire **être**, le participe passé s'accorde.

Je m'exerce à mon rythme

+ EXOS

1 **Reformule la règle.**
Au passé composé, le verbe est formé de ... mots : l'auxiliaire **avoir** ou ... au présent et le participe ... du verbe.

Associer sujet et verbe au passé composé

COLLECTIF
2 **Conjugue au passé composé :** • sauter de joie • rester debout

3 Recopie en écrivant le bon pronom personnel.

* • (*Je/Il*) est retourné chez son père.
• (*Nous /Vous*) avons gagné à la loterie.
• (*Ils/Il*) a enfoncé un clou.
• (*Elle/Elles*) ont réchauffé la pizza.

** • ... as planté des tulipes.
• ... sommes arrivés en retard.
• ... ont retiré leur chapeau.
• ... ai changé de lunettes.

4 Recopie en écrivant le bon auxiliaire.

* • Maria (*a/as*) copié sa leçon.
• J'(*a/ai*) accompagné mon oncle.
• Tu (*as/a*) dégusté un caramel.
• Vous (*avons/avez*) appelé les pompiers.

** • Enora ... mangé toute sa soupe.
• Loïc ... félicité sa fille.
• Tu ... pensé à acheter du sel ?
• Nous ... passés par l'autoroute.

Conjuguer les verbes en *-er* au passé composé

COLLECTIF

5 Trouve l'infinitif de chaque verbe. Puis transforme les phrases en conjuguant les verbes au passé composé.

• La neige tombe à gros flocons.
• Sacha et Luc ramassent des champignons.

6 Recopie avec le bon verbe conjugué au passé composé.

* • Hier, j'(*ai mangé/a mangé*) du chocolat.
• L'été dernier, tu (*a visité/as visité*) Madrid.
• Hier, ils (*sont arrivés/est arrivé*) à Tokyo.
• Hier, Luc (*as regardé/a regardé*) le match.

** • fermer : Tu ... la porte à clé.
• chanter : Aya et Justin ... à la chorale.
• surveiller : Vous ... les enfants.
• arriver : Ils ... à l'heure.

7 Écris l'infinitif de chaque verbe. Puis recopie en transformant le verbe au passé composé.

* • Je partage mes bonbons.
• Vous retrouvez vos parents.
• Les garçons arrivent en avance.
• Franck et Samy fabriqueront une fusée.

** • Je jouerai aux cartes avec mamie.
• Tu danses pendant des heures.
• Vous écarterez les bras.
• Léa restera pour le dîner.

Je repère dans un texte

8 Lis ce texte. Recopie deux verbes en -er conjugués au passé composé.

Un soir que les Anciens étaient réunis autour du grand feu pour les décisions importantes, l'enfant espiègle a voulu les imiter. Il a rassemblé ses camarades dans une tente puis il est allé voler quelques tisons au foyer central[1]. Il a porté ensuite une brassée de bois sec et a fait pétiller le feu autour des autres enfants émerveillés.

Michel PIQUEMAL, *Histoires d'Indiens, Samani l'Indien solitaire*, Éd. SEDRAP.

1. Le garçon est allé chercher des braises dans le grand feu.

J'écris

9 Rappelle-toi une fête d'anniversaire. Écris un petit texte pour raconter ce moment joyeux. Conjugue tes verbes au passé composé.

Pour t'aider : Qui a fêté son anniversaire ? Quand ? Qui a-t-il (-elle) invité ? À quels jeux avez-vous joué ?

Conjuguer être et avoir au passé composé

Le mot du jour
odieux
Faire émerger la définition. Trouver la nature, donner le féminin et le contraire.

Léo **a eu** beaucoup de chance.
Florian **a été** mauvais joueur.

Florian ... odieux.
Léo ... de la peine.

Je cherche + Matériel

a. Complète les bulles et les légendes avec les étiquettes : a été – a eu – as eu .
b. Les verbes en couleur sont-ils au passé, au présent ou au futur ? À quel temps à ton avis ?
c. Transforme au présent les phrases soulignées en commençant par Aujourd'hui. Quel est l'infinitif de ces verbes ?
d. Complète maintenant la conjugaison des verbes :
– être au passé composé : j'... été, tu ... ... , il a été, nous ... ... , vous avez été, ils ... été
– avoir au passé composé : j'ai ... , tu as eu, il ... ... , nous avons eu, vous ... eu, elles ont ...
e. Avec quel auxiliaire conjugue-t-on ces deux verbes au passé composé ?

J'apprends

Le **passé composé** des verbes **être** et **avoir** est composé de deux mots :
l'auxiliaire **avoir** au présent et le **participe passé** du verbe conjugué

être au passé composé		avoir au passé composé	
j'**ai été**	nous **avons été**	j'**ai eu**	nous **avons eu**
tu **as été**	vous **avez été**	tu **as eu**	vous **avez eu**
il/elle **a été**	ils/elles **ont été**	il/elle **a eu**	ils/elles **ont eu**

être : avoir au présent (a) — participe passé du verbe être (été)
avoir : avoir au présent (a) — participe passé du verbe avoir (eu)

Je m'exerce à mon rythme +EXOS

1 **Reformule la règle.**
Le passé composé des verbes avoir et être se forme avec l'auxiliaire ...
et le participe ... du verbe.

Associer sujet et verbe au passé composé

2 COLLECTIF **Avec tes camarades, à tour de rôle, conjugue au passé composé :**
• avoir le fou rire • être de bonne humeur

3 **Recopie en écrivant le bon pronom personnel.**

* • (*Tu/Il*) as eu une trousse neuve. • (*Ils/Il*) ont été sages.
• (*Nous/Vous*) avez été chanceux. • (*J'/Tu*) ai eu de la visite.

** • ... avez été gentils. • ... as été rapide. • ... ont été bavardes. • ... ai eu soif.

4 **Recopie en écrivant correctement l'auxiliaire avoir.**

* • Emily (*a/as*) eu une bonne idée. • Nous (*avez/avons*) été en Turquie.
• Tu (*a/as*) eu huit ans. • J'(*a/ai*) eu la grippe.

** Léa ... eu un bébé. • Tu ... été au lac. • Vous ... été surpris. • J' ... été à Rome.

Conjuguer les verbes *être* et *avoir* au passé composé

5 COLLECTIF **Trouve l'infinitif de chaque verbe. Puis transforme les phrases en conjuguant les verbes au passé composé.**

• Agnès et Mattéo sont à la piscine. • Nous avons très froid à la montagne.
• Tu seras prudente. • Ils ont le droit de venir.

6 **Recopie et complète avec être ou avoir conjugués au passé composé.**

* • Tu (*as été/as eu*) le droit de jouer. • Nous (*avons eu/aurons*) trop chaud.
• J'(*ai eu/ai été*) soif. • Marie et Léa (*ont eu/ont été*) attentives.

** Mardi dernier, nous ... une longue récréation. Quand nous sommes rentrés en classe, j'... soudain très froid. J'... à l'infirmerie. L'infirmière ... très gentille.

7 **Recopie en transformant le verbe au passé composé.**

* • J'ai des sucettes. • Tu as un chat.
• Nous aurons de la soupe au dîner. • Maud et Jade sont en vacances.

** • Ma tante a deux enfants. • Vous serez fières de moi.
• Max et Sam ont un nouveau jeu. • Je suis au Brésil.

Je repère dans un texte

8 **Lis le texte. Retrouve les auxiliaires des participes passés soulignés. Puis recopie les formes verbales complètes.**

Savez-vous que les animaux n'ont pas toujours eu les couleurs que vous leur connaissez ? Le crocodile n'a pas toujours été vert, et les plumes du canari n'ont pas toujours été jaunes. Il y a fort longtemps, toutes les créatures avaient une seule et même couleur : le blanc.

ZEMANEL, *Quelle couleur pour Dame Caméléon ?*, Éd. Lito.

J'écris

9 **Raconte ce qu'a fait Jules hier. Utilise les verbes être et avoir conjugués au passé composé.**

Identifier l'imparfait

Le mot du jour
bouche bée
- Faire émerger la définition.
- Trouver des adjectifs synonymes.
- Citer d'autres expressions connues.

Le poêle **ronflait** de son bruit régulier, et rien ne pouvait nous distraire. Bouche bée, nous écoutions l'histoire d'Alice à la poursuite du lapin blanc. Ce nouveau maître **avait** une merveilleuse façon de raconter. Sans même se servir d'un livre, comme s'il **inventait** au fur et à mesure, il nous faisait pénétrer au cœur même de l'histoire. Je **grandissais** et je rapetissais avec Alice.

Michel PIQUEMAL, *Mon maître est un sorcier*, Éd. Milan.

Je cherche + Matériel

a. **Quel temps indiquent les verbes en rouge : le passé, le présent ou le futur ?**

b. **Observe leurs terminaisons. Lis-les à haute voix : qu'entends-tu à chaque fois ?**

c. **Relève les verbes du texte avec leur sujet.**

d. **Essaie de conjuguer le verbe en t'aidant des terminaisons :**
– **inventer à l'imparfait** : j'inventais, tu … , il … , nous … , vous … , ils …

-ais • -aient • -ions • -iez • -ait

J'apprends

L'**imparfait** est un **temps du passé**.
Les **terminaisons** des verbes conjugués à l'imparfait sont toujours **les mêmes** :

chanter à l'imparfait

je chant**ais**	nous chant**ions**
tu chant**ais**	vous chant**iez**
il/elle chant**ait**	ils/elles chant**aient**

Je m'exerce à mon rythme +EXOS

1 **Reformule la règle.**
Pour raconter un événement passé, on peut utiliser … .
Les terminaisons de l'imparfait sont : -ais, -ais, -… , -ions, -… et -… .

Reconnaître les verbes conjugués à l'imparfait

2 COLLECTIF **Retrouve les phrases à l'imparfait. Puis donne l'infinitif des verbes.**
- Demain, mes parents prendront le train.
- Autrefois, on lavait le linge au lavoir.
- Hier, je suis allée chez mon ami Paul.
- Au Moyen Âge, il y avait des chevaliers.

3 **Recopie seulement les phrases où le verbe est conjugué à l'imparfait.**

* • Je passe un très bon moment avec toi. • L'année dernière, nous étions en Grèce. • Avant, Souda collectionnait les timbres. • Le loup croqua le Petit Chaperon rouge.

** Avant, j'aimais jouer aux sept familles. Avec Lisa, nous passions des heures à jouer. Maintenant, je préfère les jeux vidéo. Lisa regrette nos parties de cartes. Elle adorait ça !

4 **Recopie seulement les verbes conjugués à l'imparfait. Donne leur infinitif.**

* nous travaillions • vous dessinerez • il pleurait • tu bavardais • elles avalent

** • Sarah pensait beaucoup à sa maman. • Vous mangiez dans la cuisine. • Mes amis arrivent ce soir. • Irène et Rémy dormiront à l'hôtel.

Associer sujet et verbe à l'imparfait

COLLECTIF

5 **Complète chaque phrase avec le pronom personnel qui convient :**
Je – Tu – On – Nous – Vous – Elles.

- … parlais tout bas.
- … riaient très fort.
- … mangiez des fruits.
- … prenions l'avion.
- … habitait le village.
- … partais en vacances.

6 **Recopie avec le verbe qui convient. Observe bien la terminaison du verbe !**

* • Luc (*skiait/skiaient*) très bien. • Ils (*comptais/comptaient*) leurs billes. • Nous (*promenions/promenaient*) le chien.

** Autrefois, le roi (*vivait/habitais*) dans un château. Les chevaliers (*sauvait/protégeaient*) la famille royale. Les paysans (*cultivaient/exploitais*) les champs.

7 **Recopie avec le sujet qui convient.**

* • (*Tu/Il*) jouait du violon. • (*Vous/Ils*) prépariez le repas. • (*Tu/Elle*) espérais le voir.

** j' – maman et papa – je – nous – ils
Quand … étais bébé, … dormais dans un lit à barreaux. … préparaient mes biberons. … ne comprenaient pas toujours mes paroles. … habitions un petit appartement.

Je repère dans un texte

8 **Lis ce texte. Recopie les trois verbes conjugués à l'imparfait.**

On raconte que, dans les temps anciens, l'araignée décida de parcourir la terre pour recueillir toute la sagesse du monde. Elle s'attacha une grande jarre sur le dos et se mit en route.

Au fil des étapes et des rencontres, elle remplissait sa jarre de proverbes et de fables, et de tout ce qu'elle pensait être la sagesse du monde. Le poids de la jarre se faisait de plus en plus lourd et la joie de l'araignée de plus en plus grande.

Esma et Nacer KHEMIR, *L'Alphabet des sables*, D.R.

J'écris

9 **Écris quatre phrases à l'imparfait pour raconter ce que tu faisais quand tu étais petit(e). Commence chacune d'elles par :** Quand j'étais petit(e), je…
Pour t'aider : marcher à quatre pattes, manger avec mes doigts…

Révisions

ÉVALUATION

Passé, présent, futur

1 Classe les phrases dans le tableau.

le passé (*avant*)	le présent (*maintenant*)	le futur (*après*)
...	...	...

a. La semaine dernière, il est parti à la mer.
b. Aujourd'hui, je nourris le poisson rouge.
c. L'an prochain, j'entrerai en CE2.
d. Je suis contente de te voir maintenant.
e. Hier, Lucie a oublié de faire ses devoirs.

L'infinitif du verbe

2 Classe les verbes en deux colonnes : Verbes à l'infinitif / Verbes conjugués.

lancer • j'aime • nous encadrons • atterrir • imprimer • discuter • tu chantes • noyer • il balaie • nous voyageons • abîmer

Les personnes de la conjugaison

3 Recopie avec le bon pronom : je – nous – elles – vous – tu.

- Je peux apporter le dessert si ... voulez.
- ... sont contentes de leurs cadeaux.
- ... sommes toujours en retard.
- Est-ce que ... veux jouer avec moi ?
- ... peux emballer tes cadeaux si tu veux.

Identifier le présent

4 Recopie les phrases au présent.

- Ce château a été bâti au Moyen Âge.
- Maintenant, j'écoute de la musique.
- Quand j'étais un bébé, je ne parlais pas.
- À 20 ans, j'aurai mon permis de conduire.
- Aujourd'hui, on économise l'eau.

Conjuguer les verbes en *-er* au présent

5 Complète avec un pronom qui convient.

- Aujourd'hui, ... regardent un film.
- Maintenant, ... fabriques un avion.
- ... joue dans le jardin avec son camion.
- ... traçons des cercles sur notre cahier.
- Le samedi, ... range ma chambre.

6 Recopie en conjuguant le verbe entre parenthèses au présent.

- Papa (*habiller*) son bébé chaudement.
- Nous (*laver*) la terrasse de la maison.
- Vous (*monter*) les escaliers à toute allure.
- Sacha et Gabriel (*détester*) les insectes.
- Tu (*rentrer*) chez toi à vélo.

Conjuguer *être* et *avoir* au présent

7 Complète avec un pronom qui convient.

- ... ai • ... sommes • ... avez • ... as
- ... ont • ... suis • ... êtes • ... a

8 Recopie en conjuguant le verbe entre parenthèses au présent.

- Les fillettes (*avoir*) des robes neuves.
- Nous (*être*) en vacances.
- Mon frère (*avoir*) un beau vélo rouge.
- Isaure (*être*) une petite fille très vive.
- Vous (*être*) très fiers d'elle.

Conjuguer *faire* et *aller* au présent

9 Complète avec un pronom qui convient.

- ... allez en vacances dans les Alpes.
- En hiver, ... fais du ski.
- Jules et moi, ... faisons les courses.
- ... vas chercher des fleurs chez le fleuriste ?
- ... faites de magnifiques dessins.
- ... vont au théâtre ce soir.

10 Recopie en conjuguant le verbe entre parenthèses au présent.

- je (*faire*) • nous (*faire*) • tu (*aller*)
- vous (*faire*) • ils (*aller*) • vous (*aller*)

Conjuguer *dire* et *venir* au présent

11 Complète avec un pronom qui convient.
- ... dis ton nom à la maîtresse.
- ... dites des bêtises !
- ... dit tous ses secrets à son amie.
- ... viendrez à mon anniversaire ?
- ... viennent souhaiter la bonne année.

12 Recopie en conjuguant le verbe entre parenthèses au présent.
- je (*dire*) • tu (*venir*) • vous (*dire*)
- il (*dire*) • vous (*venir*) • elles (*venir*)

Identifier le futur

13 Recopie les verbes qui sont au futur.
je mangerai • elles volent • ils iront • nous partageons • elle partira • tu verras • ils communiqueront • nous téléphonons

Conjuguer les verbes en *-er* au futur

14 Complète avec la terminaison du futur.
- Vous manquer... de pain pour le repas.
- Elle déchirer... les feuilles de papier.
- Tu jouer... aux cartes avec ta sœur.
- Il ranger... sa chambre tout seul.
- Nous participer... à un tournoi de belote.

15 Récris ces phrases au futur.
- Nous mangeons une tarte aux cerises.
- Il arrête sa voiture dans le parking.
- Nous pensons à vous.
- Ils regardent un DVD.

Conjuguer *être* et *avoir* au futur

16 Complète avec un pronom qui convient.
- ... serez • ... aura • ... serons • ... aurai
- ... auras • ... seront • ... seras

17 Complète avec être ou avoir au futur.
- Demain, Lucie ... un nouveau manteau.
- Bientôt, ce groupe de rock ... célèbre.
- Pour traverser la route, nous ... prudents.
- Quand nous ... l'âge, nous irons au collège.

Identifier le passé composé

18 Recopie uniquement les phrases au passé composé.
- Hier, les enfants ont joué aux cartes.
- Les chenilles mangent des feuilles.
- La semaine dernière, j'ai visité une ferme.
- Aujourd'hui, Léo est malade.

Conjuguer les verbes en *-er* au passé composé

19 Reforme les phrases en associant des groupes de mots de chaque colonne.

Sabri •	• ai retrouvé mon cahier.
Nous •	• ont échangé leurs cartes.
Luc et Sam •	• a écouté la maîtresse.
Vous •	• sommes restés à l'école.
Hier, j' •	• avez dessiné des paysages.

20 Recopie en conjuguant les verbes entre parenthèses au passé composé.
- Hier, Jules (*regarder*) un film.
- Dimanche dernier, ils (*acheter*) un gâteau.
- Hier, nous (*rester*) à la maison.

Conjuguer *être* et *avoir* au passé composé

21 Complète avec un pronom qui convient.
- ... as été • ... ai eu • ... avez été • ... ont eu

22 Conjugue au passé composé, à toutes les personnes :
- avoir mal aux dents • être joyeux

Identifier l'imparfait

23 Recopie uniquement les phrases à l'imparfait.
- Autrefois, on lavait le linge à la rivière.
- Lundi dernier, nous avons visité un musée.
- Bientôt, nous aurons un chien.
- Avant, les femmes ne portaient pas de pantalon.

Dictées préparées

En **rouge** : rappel des mots du jour de chaque leçon.

Passé, présent, futur
J'ai appris à jouer **aux échecs** quand j'étais petit. Maintenant, je suis un bon joueur. Plus tard, je gagnerai contre mes parents !

L'infinitif du verbe
Voici ma nouvelle recette : cuire 10 **g** de chocolat avec 5 **cL** d'eau, bien mélanger, verser sur une banane.

Les personnes de la conjugaison
Les coureurs se placent sur la ligne. Au signal, ils se mettent à courir. Nous applaudissons lorsque le premier arrive. Quel **exploit** !

Identifier le présent
L'agriculteur fait **des plantations** de salades. Il arrose son champ tous les jours. Il vend de beaux légumes frais.

Conjuguer les verbes en *-er* au présent
La nuit tombe, tu **bâilles** très fort car il est tard. Les enfants se douchent. Au coucher, papa raconte une histoire !

Conjuguer *être* et *avoir* au présent
Tu es un garçon sérieux, tu as de bonnes notes. Tes parents sont **fiers** de toi ! Ta sœur est aussi une bonne élève.

Conjuguer *faire* et *aller* au présent
Le samedi, nous faisons de **la poterie** et nos amis font du tennis. L'après-midi, tu vas te promener dans la campagne.

Conjuguer *dire* et *venir* au présent
Les habitants disent **au gardien** de l'immeuble qu'il est très gentil. Parfois, quelqu'un vient lui apporter un cadeau.

Identifier le futur
Le médecin passera à la maison voir ma fille et il lui donnera des médicaments. Elle guérira vite et décidera de faire ce beau **métier** : médecin.

Conjuguer les verbes en *-er* au futur
La légende raconte que, dans 100 ans, les hommes joueront toute la journée et qu'une grande machine travaillera à leur place.

Conjuguer *être* et *avoir* au futur
Le chevalier aura du mal à trouver la princesse. Il sera obligé de traverser les forêts. Des loups seront sur son chemin.

Identifier le passé composé
La souris a mangé les noisettes. Les enfants ont changé sa **litière**. Ils ont aussi lavé sa cage.

Conjuguer les verbes en *-er* au passé composé
Avant d'aller en mer, **le plongeur** a essayé son matériel à la piscine. Dans l'océan, ses amis et lui ont observé des poissons.

Conjuguer *être* et *avoir* au passé composé
Samedi dernier, j'ai participé à une compétition de natation. Nous avons eu beaucoup de chance. Les perdants ont été **odieux**.

Identifier l'imparfait
Le soir, ma grand-mère racontait souvent des histoires fabuleuses. Avec ma sœur, nous restions **bouche bée**.

Orthographe

La lettre s

Le mot du jour
le désert
Faire émerger la définition.
Trouver des mots de la même famille.

Je cherche

+ Matériel

a. Écris les mots correspondant aux dessins en remettant les lettres dans l'ordre.
b. Prononce les mots en bleu. Quel son ont-ils en commun ?
c. Quel son fait la lettre s dans le mot en rouge ?

J'apprends

- La lettre **s** se prononce [s] quand elle est :
  – au **début** du mot → *une sardine, une serviette*
  – devant une **consonne** → *un aspirateur, une moustache*
  – entre une **consonne** et une **voyelle** → *ma réponse, une personne*
- La lettre **s** se prononce [z] entre **deux voyelles** → *une fusée, une noisette*
- Pour garder **le son [s] entre deux voyelles**, on met deux s : **ss**.
  un classeur, un dessert

Je m'exerce à mon rythme

+EXOS

1 **Reformule la règle.**
La lettre s se prononce [s] au début du mot ou devant une … .
La lettre s se prononce [z] entre deux … .
Pour garder le son [s] entre deux voyelles, on met … .

Distinguer les sons [s] et [z]

COLLECTIF
2 **Lis les mots suivants. Quel son fait la lettre s ?**
un costume • le désordre • une bosse • la prison • une maison • un hérisson • la classe • le sapin • un sac • proposer

3 **Classe les mots en deux colonnes : J'entends [s] / J'entends [z].**
* une visite • la poussière • un espion • une plaisanterie • la coiffeuse • un sanglier
** un costume • une massue • une friandise • un prisonnier • une veste • proposer

4 **Recopie seulement les mots contenant le son [s].**
* la mousse • une tresse • un sabot • le raisin • la salive • rose • poser • la poste
** • Samedi, Rose a visité un musée avec ses cousines.
• Simon est superbe avec sa veste grise.

Écrire *s* ou *ss*

COLLECTIF
5 **Nomme les dessins puis essaie d'écrire les mots.**

6 **Recopie et complète avec s ou ss pour obtenir le son [s].**
* tou...er • un ge...te • e...calader • la polite...e • une ca...erole • ...auvage
** • ...ophie ...urveille ...a petite ...œur.
• Clari...e ...ert la ...alade de fruits dans des a...iettes à de...ert.

7 **Recopie et complète avec s ou ss pour obtenir le son qui convient : [s] ou [z].**
* un héri...on • un pi...tolet • une bêti...e • du ...el • un ...apin • propo...er • une chau...ette • une pa...tille • gro...e • des ci...eaux
** • Meli...a a po...é ...a ...erviette ...ur le ...able chaud.
• ...amuel a ca...é une ta...e et deux a...iettes en fai...ant la vai...elle.

Je repère dans un texte

8 **Lis ce texte. Recopie au moins dix mots contenant la lettre s quand elle fait les sons [s] ou [z].**

Jérôme arrive en retard à l'école. Il pleure et n'ose pas entrer en classe. La maîtresse l'aperçoit derrière la vitre du couloir et va le chercher.

— Entre. Je ne vais pas te gronder. Viens t'asseoir.

Jérôme bredouille un pauvre « merci M'dame » au milieu de ses larmes et rejoint sa place. Il renifle, ses yeux sont rouges. Madame Chandoiseau lui sourit mais cela ne suffit pas à le consoler...

Roger JUDENNE, *Ma première fessée*, Éd. Lire c'est partir.

J'écris

9 **Écris la liste de ce que Luc a acheté au supermarché.**
Tous les mots contiennent la lettre s.

La lettre c

Le mot du jour
un limaçon
Faire émerger la définition.

En allant à l'**école**, j'ai **rencontré** :
– deux **escargots** sur une **balançoire**,
– un **limaçon encore** en peignoir,
– deux **cigognes** portant un **berceau**,
– et dans le **ciel** trois **corbeaux** qui faisaient les beaux…
Qu'avais-je **donc** mangé au petit-déjeuner ?

Je cherche

+ Matériel

a. Retrouve dans le texte tous les mots contenant c ou ç.

b. Range tes mots en deux colonnes :

Je vois c et j'entends [k]	Je vois c ou ç et j'entends [s]
…	…

c. Entoure la lettre qui vient juste après c ou ç dans chacun de tes mots.

d. Peux-tu dire maintenant :
– quand la lettre c se prononce-t-elle [k] ?
– quand se prononce-t-elle [s] ?
– quand dois-tu mettre une cédille ?

J'apprends

- La lettre **c** se prononce :
  – [k] devant **a**, **o**, **u** → *une **c**arie, un **c**oncombre, la **c**ulture*
  – [s] devant **e (é)**, **i** et **y** → *du dentifri**c**e, le **c**iel, un **c**ygne*
- Pour obtenir le son [s] devant **a**, **o** et **u**, il faut mettre une **cédille** sous le **c** → ç.
  *un gla**ç**on, un Fran**ç**ais, une balan**ç**oire, dé**ç**u*

Je m'exerce à mon rythme

+EXOS

1 **Reformule la règle.**
La lettre c se prononce [k] devant … .
La lettre c se prononce [s] devant … .
Sous la lettre c, il faut ajouter une … devant **a**, **o** et **u** pour obtenir le son [s].

Distinguer les sons [s] et [k]

COLLECTIF

2 **Lis les mots suivants. Quel son fait la lettre c ? Explique pourquoi.**
une cigale • le cinéma • un coquelicot • une clinique • célèbre • une farce • un cycliste • mon casque • une glace • un crabe • un cyclone

3 **Recopie seulement les mots où la lettre c fait le son [s].**

* des pinceaux • un citron • du courage • remplacer • le coq • la cuisine

** une coquille • une chenille • ancien • le couscous • un cygne • une ceinture

4 **Classe les mots en deux colonnes : J'entends [s] / J'entends [k].**

* une grimace • nous fonçons • une coupure • une citrouille • encore

** la leçon • la colle • décembre • un cigare • un carnet • nous rinçons

Écrire c ou ç

COLLECTIF

5 **Nomme les dessins. Dans quels mots dois-tu rajouter une cédille à la lettre c pour obtenir le son [s] ?**

6 **Recopie et complète avec c ou ç.**

* un méde...in • la bi...yclette • nous lan...ons • un ...ommer...ant • le fran...ais • vous lan...ez • mon ...opain • la poli...e • l'o...éan

** • Le ma...on ...ommen...e la fa...ade de la maison.
• Fran...ois a mis son ...ale...on multi...olore.

7 **Recopie et complète les phrases avec des mots contenant c ou ç.**

* • Demain, j'irai voir ce film au ... . • La poule est la femelle du ... .

** • Luc se brosse les dents avec son ... . • Le maître est malade : nous avons un ... .

Je repère dans un texte

8 **Lis le texte. Recopie au moins cinq mots contenant la lettre c quand elle fait les sons [s] ou [k].**

Les lions : une belle crinière, pour quoi faire ?

C'est à 3 ans que la crinière commence à pousser chez les mâles. Elle est un signe de bonne santé et de force et elle protège des coups des autres lions en cas de bagarre. Mais elle tient chaud : c'est pourquoi, quand un lion est malade ou affaibli, il peut perdre sa crinière qui devient difficile à supporter.

Astrapi n° 701, Bayard Presse.

J'écris

9 **Décris cette photo en employant au moins deux mots contenant la lettre c.**

La lettre g

Le mot du jour
une boulangerie
Faire émerger la définition.
Différencier boulangerie/pâtisserie.

Je cherche
+ Matériel

a. Écris les mots correspondant aux dessins en remettant les syllabes dans l'ordre.

b. Quelle lettre retrouves-tu dans le mot « grain » et dans tous les mots que tu as écrits ?

c. Cette lettre produit-elle toujours le même son ?

J'apprends

- La lettre **g** se prononce :
  – [ʒ] devant **e** et **i** → *gentil, la luge, une girafe*
  – [g] devant **a, o, u** et les **consonnes** → *une galette, un gorille, une virgule, une grille*
- On écrit **gu** devant les lettres **e** et **i** pour obtenir le son [g] → *la langue, une guirlande*
- On écrit **ge** devant les lettres **a** et **o** pour obtenir le son [ʒ] → *une orangeade, une nageoire*

Je m'exerce à mon rythme
+ EXOS

1 **Reformule la règle.**
La lettre g se prononce [ʒ] devant e et … .
La lettre g se prononce [g] devant les consonnes et … .
Pour obtenir le son [ʒ] devant a et o, on écrit … .
Pour obtenir le son [g] devant e et i, on écrit … .

Distinguer les sons [ʒ] et [g]

COLLECTIF

2 **Lis les mots suivants. Quel son fait la lettre g ? Explique pourquoi.**
gonfler • bouger • un guidon • un gendarme • le ménage • une anguille • un cigare • la rougeole • un agenda • une graine

3 **Classe les mots en deux colonnes : J'entends [g] / J'entends [ʒ]. Attention aux intrus !**

* rougir • un cheval • une grotte • des choux • un gâteau • une image

** le vinaigre • une guêpe • le gel • du sang • la consigne • je mangeais

4 **Recopie seulement les mots contenant le son [g]. Entoure la ou les lettres qui produisent ce son.**

* une épingle • un général • le goûter • la longueur • une église • une guitare

** Géraldine a glissé sur le toboggan. Elle a égratigné son genou en dégringolant.

Écrire *g*, *gu* ou *ge*

COLLECTIF

5 **Nomme les dessins puis essaie d'écrire les mots.**

6 **Recopie et complète avec g ou gu pour obtenir le son [g].**

* un ...arçon • une va...e • un lé...ume • la ...omme • un wa...on • une ba...ette

** une piro...e • des fi...es • une serin...e • ma ...rand-mère • une an...ille

7 **Recopie et complète avec g, gu ou ge pour obtenir le son qui convient : [g] ou [ʒ].**

* un ti...re • un bri...and • déména...er • mélan...er • un bour...on • nous ran...ons • une dra...ée • un coloria...e • se dé...iser • une ...aufre

** ...illaume et moi man...ons du ...i...ot d'agneau. Puis nous dé...usterons de la ...lace aux fruits rou...es et à la man...e. On va se ré...aler !

Je repère dans un texte

8 **Lis ce poème, puis recopie au moins six mots contenant la lettre g quand elle fait les sons [g] ou [ʒ].**

Sept couleurs magiques

Rouge comme un fruit du Mexique
Orangé comme le sable d'Afrique
Jaune comme les girafes chic
Vert comme un sorbet de Jamaïque
Bleu comme les vagues du Pacifique
Indigo comme un papillon des tropiques
Violet comme les volcans de Martinique
Qui donc est aussi fantastique ?
Est-ce un rêve ou est-ce véridique ?
C'est dans le ciel magnifique
L'arc aux sept couleurs magiques.

Mymi DOINET, *Comptines à malices*, Éd. Bordas.

J'écris

9 **Écris au moins deux phrases sur l'illustration en utilisant le verbe plonger et des mots de sa famille.**

m devant m, b, p

Le mot du jour
dompter
Faire émerger la définition et le champ lexical.

Moi Armand, j'aimerais tant :
– prendre tout le temps tout mon temps
– manger des framboises toute l'année
– dompter les nombres et les dictées
– en décembre, emmener Zoé au ciné.
Si ce que l'on raconte est vrai,
Et qu'impossible n'est pas français,
Peut-être qu'un jour j'y arriverai ?

Je cherche + Matériel

a. Classe les mots en couleurs du texte dans le tableau.

J'entends [ɔ̃]	J'entends [ɑ̃]	J'entends [ɛ̃]
mon, …	Armand, …	impossible

b. Pour chaque mot, souligne les lettres qui font les sons [ɔ̃], [ɑ̃] ou [ɛ̃]. Puis entoure la lettre qui vient juste après le son.
Exemple : Armand

c. Quelles sont les différentes façons d'écrire les sons [ɔ̃], [ɑ̃] et [ɛ̃] ?

d. Quand écrit-on ces sons avec un m ?

J'apprends

Pour écrire les sons [ɔ̃], [ɑ̃] et [ɛ̃] devant les lettres **m**, **b** et **p**, on **remplace** la lettre **n** par la lettre **m**.
la jambe, emmener, impatient, combien
Attention : on écrit « un bonbon » !

Je m'exerce à mon rythme + EXOS

1 **Reformule la règle.**
Devant m, b et p, on écrit … au lieu de n.

Distinguer les façons d'écrire les sons [ɔ̃], [ɑ̃] et [ɛ̃]

COLLECTIF
2 **Nomme les dessins. Essaie d'écrire les mots. Quel est l'intrus ?**

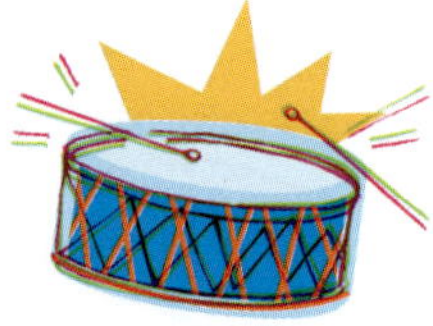

3 **Recopie et classe les mots en deux colonnes : J'écris n / J'écris m devant m, b, p.**

* une danse • dimanche • une ampoule • un camembert • un serpent • emporter • grimper • un pantin • intéresser

** un éléphant • un volcan • septembre • rentrer • la vengeance • un tambour • embrasser • le nombril

4 **Recopie puis barre l'intrus dans chaque liste.**

* **a.** rencontrer • un enfant • décembre • inventer • une pendule
b. un pompier • tomber • un buisson • un nombre • une colombe

** **c.** important • une chambre • un empereur • un mensonge • sombre
d. une rampe • la santé • vendredi • un savon • un pigeon • un insecte

Écrire *m* devant *m, b, p*

COLLECTIF

5 **Devinettes : trouve les réponses puis essaie de les écrire.**
- Je suis le mois qui vient juste après octobre. Qui suis-je ?
- Chez l'éléphant, je sers à attraper les objets. Qui suis-je ?
- Je suis le contraire de « poli ». Qui suis-je ?

6 **Recopie puis complète avec n ou m.**

* la ca...pagne • la mo...tagne • une o...bre • co...pter • gra...dir • i...capable

** e...te...dre • e...porter • i...mangeable • tre...bler • la pri...cesse • i...portant • un bo...bon • un si...ge • un va...pire • e...mêler • une te...te

7 **Écris le contraire des mots en écrivant correctement le son [ɛ̃].**

* possible • prudent • capable • buvable • séparable • consolable • prévu

** pardonnable • juste • puni • pair • mettable • cassable • connu • discret

Je repère dans un texte

8 **Lis ce poème. Recopie au moins sept mots contenant m devant m, b, p.**

Le dompteur dompté

Le dompteur ne domptait pas
Ce que domptent les dompteurs.
Le dompteur avait un don :
Il dompta donc des dindons.
Des Pôles à l'Équateur,
On acclama le dompteur.

Une Nippone au Japon
Épata l'homme aux dindons.
Et le dompteur fut dompté :
Il empaqueta du thé.

Irène et Pierre CORAN, *Comptines et poèmes pour jouer avec la langue*, Éd. Casterman.

J'écris

9 **Observe l'illustration et trouve des mots contenant les sons [ɔ̃], [ɑ̃] et [ɛ̃] . Puis écris trois phrases en employant ces mots.**

Les accents sur la lettre e

Le mot du jour

une guêpe
Faire émerger la définition. À quoi reconnaît-on un insecte ? Débat.

Je cherche

Matériel

a. Prononce les mots des étiquettes jaunes à haute voix, puis classe ces mots en deux colonnes : J'entends [ɛ] / J'entends [e].

b. Avec quels accents la lettre e se prononce-t-elle [ɛ] ? et [e] ?

c. Redonne aux mots des étiquettes bleues les bons accents.

J'apprends

Les accents **changent la façon de prononcer** la lettre **e** :
- **l'accent aigu** ´ : e devient **é** et se prononce **[e]** → *la fumée, un éléphant, j'ai aimé*
- **l'accent grave** ` : e devient **è** et se prononce **[ɛ]** → *une rivière, la règle, je me lève*
- **l'accent circonflexe** ^ : e devient **ê** et se prononce **[ɛ]** → *une pêche, la tempête*

Je m'exerce à mon rythme

+EXOS

1 **Reformule la règle.**
Les accents changent la façon de … la lettre e.
é se prononce [e], è et … se prononcent [ɛ].

Distinguer les façons d'écrire les sons [e] et [ɛ]

COLLECTIF

2 **Nomme les dessins. Où entends-tu le son [e] ? Le son [ɛ] ?**

3 **Reproduis le tableau, puis classe les mots.**

J'entends [e]	J'entends [ɛ]	
J'écris é	J'écris è	J'écris ê
…	…	…

* un prénom • très • la chaudière • une enquête • la santé • une pêche • un légume • le père • un carré

** un poète • une poésie • la poussière • dépoussiérer • une règle • régler • une bêtise • l'aéroport • la grêle

4 **Recopie seulement les mots contenant le son [ɛ].**
Entoure la lettre qui fait ce son avec son accent.

* la fête • une fée • un frère • la fièvre • un épi • un rêve • une année

** Dans la forêt, mon père a posé des pièges sous un chêne pour attraper des lièvres.

Écrire le bon accent sur la lettre *e*

COLLECTIF

5 **Nomme les dessins puis propose une écriture pour chaque mot.**
N'oublie pas les accents sur le e.

6 **Recopie en ajoutant les accents oubliés.**

* • la foret (ê ou é) • une etoile (é ou ê) • une chevre (é ou è)
• le zebre (é ou è) • une caissiere (é ou è) • le pere (é ou è)

** Bebe a eu de la fievre toute la nuit et a eu mal à la tete. Maman est tres inquiete. Elle a appele le medecin. Il arrivera tard à cause de la tempete et de la grele.

7 **Recopie les mots et mets deux accents pour chaque mot.**

* la verite • reflechir • la television • une epee • une etagere • un eleve

** une preference • un helicoptere • je prefere • celebre • il m'a embete

Je repère dans un texte

8 **Lis ce texte. Recopie les sept mots contenant la lettre e avec un accent.**

Le soleil s'est levé. Jim le cow-boy a bu son café. Il est prêt. Au boulot maintenant ! Jim va planter des piquets toute la journée, aussi loin qu'il pourra. Quand il aura fini, au coucher du soleil, toutes les terres qui seront derrière lui seront à lui. […] Le nez sur les piquets, Jim plante, plante, plante aussi vite qu'il peut. Mais au trois-cent-douzième piquet, il doit s'arrêter. Devant lui est assis Cochise l'Indien.

Thierry LENAIN, *Jim le cow-boy et Cochise l'Indien*, Éd. Nathan.

J'écris

9 **Décris cette photo en une phrase.**
Utilise des mots contenant é, è ou ê.

Le féminin des noms

Le mot du jour
une princesse
Faire émerger la définition, le champ lexical. En existe-t-il encore aujourd'hui ?

un ... et une ...

un ... et une ...

un ... et une ...

Je cherche + Matériel

a. **Complète les légendes en t'aidant des étiquettes :**

sorcier • lapin • princesse • sorcière • lapine • prince

b. **Range tes six mots en deux colonnes : Masculin / Féminin.**

c. **Quel est le féminin de « lapin » ? de « sorcier » ? de « prince » ?**

d. **Comment forme-t-on ces noms féminins ?**

J'apprends

- Pour former le **féminin des noms**, on **ajoute** souvent un **-e**.
  un lapin → une lapine, un ami → une amie
- Il existe de nombreux cas particuliers où l'on doit **changer la terminaison**.
  *le **boulanger** → la boulangère, un **menteur** → une menteuse, un **espion** → une espionne*
- Attention ! Certains mots **ne changent pas au féminin** : *un élève → une élève*, d'autres sont complètement **différents** : *un **mouton** → une brebis*.

Je m'exerce à mon rythme +EXOS

1 Reformule la règle.
Pour former le féminin des noms, on ajoute généralement un ... .
Parfois, la terminaison ... .

Distinguer le féminin et le masculin des noms

2 COLLECTIF **Les mots suivants sont-ils masculins ou féminins ? Pourquoi ?**
voisine • sportive • camarade • canne • champion • serveuse • renard

3 **Recopie seulement les noms féminins.**

* ma voisine • un fruit • une route • une robe • un patineur • un client

** • La fille porte un blouson. • Le chat dort dans la véranda.

4 **Recopie et classe les noms en deux colonnes : Masculin / Féminin.**
Attention : certains noms peuvent se ranger dans les deux colonnes !

* chienne • inconnu • bergère • marchand • instituteur • mariée

** fleuriste • directeur • copain • spécialiste • ourse • journaliste

Écrire le féminin des noms

COLLECTIF

5 **Nomme les dessins.**
Trouve le féminin des noms,
puis essaie de les écrire.

6 **Associe chaque nom masculin (liste 1) au nom féminin (liste 2) qui convient.**

* 1. un nageur • un loup • un géant • un ami • un coq
2. une louve • une nageuse • une poule • une géante • une amie

** 1. un lecteur • un ouvrier • un cheval • un bouc • un oncle
2. une ouvrière • une tante • une lectrice • une jument • une chèvre

7 **Écris les noms au féminin.**

* un écolier • un danseur • un chat • un lion • un absent • un Français

** un étranger • un garçon • un joueur • un homme • un accusé • un paysan

Je repère dans un texte

8 **Lis ce texte. Recopie ensuite le nom des « vrais » couples d'animaux : le mâle et la femelle.**

Zoé a rêvé que les animaux se mariaient. Elle raconte à sa sœur Marine :

— […] Monsieur Lion, avec madame Lion, monsieur Cochon avec madame Cochon, monsieur Poule avec madame Poule, madame Vache avec monsieur Vache…

— Tu veux dire la truie avec le cochon, le coq avec la poule, le taureau avec la vache…, l'interrompt Marine.

— Non ! crie Zoé. Tais-toi. T'étais même pas dans mon rêve, alors tu sais pas !

Jo HOESTLANDT, *L'arche de Zoé*, Les histoires sages, Éd. Actes Sud Junior.

J'écris

9 **Nomme les métiers représentés. Construis ensuite une phrase avec chacun de ces noms.**

Le pluriel des noms

Le mot du jour

dévorer
Faire émerger la définition.
Donner la nature. Trouver des synonymes.

Bouba est le roi des Ogres.
Du matin au soir, il dévore !
Frites, **gâteaux**,
bonbons, **saucisson**,
hamburgers, **sodas** :
iI y a toujours de la place
dans son estomac !

Didier LÉVY, *Le roi des ogres au régime !*, Éd. Nathan.

Je cherche

+ Matériel

a. **Ajoute le bon déterminant devant chaque nom en couleur de ton texte : un , des .**

b. **Quels noms en couleur sont au pluriel ? Quel nom en couleur est au singulier ? Comment le sais-tu ?**

c. **Place un ou une devant chaque nom en rouge et récris-le. Qu'est-ce qui change ?**

J'apprends

- Pour former le **pluriel des noms,** on ajoute souvent un **-s**.
  un jardin → des jardins, la robe → les robes
- Les noms qui se terminent par **-eau**, **-au** et **-eu**, prennent un **-x** au pluriel.
  le château → les châteaux, un noyau → des noyaux, le feu → les feux
- Les noms qui se terminent par **-al** font leur pluriel en **-aux** : *un journal → des journaux*
- Les noms qui se terminent par **-s**, **-x** et **-z** au singulier **ne changent pas** au pluriel.
  une souris → des souris, une noix → des noix, un nez → des nez

Je m'exerce à mon rythme

+EXOS

1 **Reformule la règle.**
Pour former le pluriel des noms, on ajoute généralement un ... .
Certains noms prennent un ... au pluriel.

Distinguer le singulier et le pluriel des noms

COLLECTIF

2 **Les noms suivants sont-ils au singulier ou au pluriel ? Pourquoi ?**
mes ballons • des repas • le bois • un cahier • les radis • ses livres • des vieux • une croix

3 **Recopie et classe les noms en deux colonnes : Singulier / Pluriel.**

* les trains • un radis • trois carottes • ces noyaux • ton bateau • un prix

** • La fillette coiffe ses cheveux. • Les enfants aiment les animaux.
• L'écureuil cueille des noix. • Les souris ont mangé tout le fromage.

4 **Recopie en ajoutant le bon déterminant : le, la ou les.**

* … chemise • … tableau • … chameaux • … outils • … carton • … feux

** Aujourd'hui, … plombier doit aller dans tous … hôpitaux de … ville : … tuyaux sont en mauvais état et il faut les changer. …

Écrire le pluriel des noms

COLLECTIF

5 **Nomme les dessins. Essaie d'écrire les noms.**

6 **Recopie puis ajoute la marque du pluriel : -s ou -x, quand c'est nécessaire.**

* • les pépin… de la pomme… • les noyau… des abricot…
• les cheveu… de ma poupée… • les bosse… du chameau…

** Marie range ses jouet… dans sa chambre… . Elle a reçu trois cadeau… pour son anniversaire… : une dînette… , des peluche… et un cheval… à bascule.

7 **Écris les noms au pluriel.**

* • un canard → des … • le bateau → les … • la montagne → les …
• un nez → des … • un manège → des … • le journal → les …

** un pantalon • un gaz • l'hôpital • le bois • une lampe • un palais • un rouleau • le jeu • le corps • un pied • un tuyau

Je repère dans un texte

8 **Lis ce texte. Recopie au moins huit noms au pluriel.**

C'était au tout début du monde. Le créateur avait modelé une belle terre ronde, avec des montagnes et des océans, des arbres et des rivières […].

Dans ce joli paradis, il décida de placer toutes sortes d'animaux : des poissons dans les eaux, des oiseaux dans les airs, et des animaux sur la terre, ânes, singes, chiens et bien d'autres encore.

Corinne ALBAUT, *Le temps de la vie*, Bibliobus « Le temps », Éd. Hachette Éducation.

J'écris

9 **Décris cette peinture en deux phrases. Mets les noms au pluriel lorsque c'est nécessaire.**

Fernand LÉGER, *Les loisirs*, 1948-1949.

L'accord de l'adjectif : masculin ou féminin

Le mot du jour
audacieux
Faire émerger la définition.
Donner la nature. Rechercher le nom de la même famille et des synonymes.

Je cherche

+ Matériel

a. Observe les groupes nominaux (GN). Les noms en rouge sont-ils au féminin ou au masculin ? Et les noms en vert ?

b. Complète chaque GN avec l'adjectif qui convient :

grand / grande • audacieux / audacieuse • étonné / étonnée

c. Que peux-tu dire de l'adjectif si le nom est au masculin ? Si le nom est au féminin ?

d. Repère la marque du féminin des adjectifs. Que remarques-tu ?

J'apprends

- **L'adjectif s'accorde avec le nom** : si le nom est au **masculin**, l'adjectif se met au **masculin** ; si le nom est au **féminin**, l'adjectif se met au **féminin**.
  un joli hibou → une jolie chouette
- Pour former le **féminin des adjectifs** :
  – le plus souvent, on **ajoute un -e** : *intelligent → intelligente*, *petit → petite*
  – parfois, on **change la terminaison** : *léger → légère*, *heureux → heureuse*

Je m'exerce à mon rythme

+ EXOS

1 **Reformule la règle.**
Dans le groupe nominal, si le nom est au féminin, l'adjectif se met au ... .
Pour former le féminin des adjectifs, on ajoute souvent un ... .

Distinguer le féminin et le masculin des adjectifs

2 COLLECTIF **Les adjectifs suivants sont-ils au masculin ou au féminin ? Pourquoi ?**
sportive • blanc • propre • vif • élégante • sage • mignonne

3 **Recopie et classe les adjectifs en deux colonnes : Masculin / Féminin. Attention : certains adjectifs peuvent se ranger dans les deux colonnes !**

* méchante • joyeux • poli • triste • sérieuse • chaude

** belle • sensible • violent • adroit • agréable • grosse • vif • pénible

4 **Recopie puis entoure seulement les adjectifs féminins.**

* ma nouvelle voisine • un fruit mûr • une longue route • une jolie robe

** • Le petit garçon porte une écharpe rouge.
• Le pâtissier prépare une tarte appétissante.

Écrire le féminin des adjectifs

COLLECTIF

5 **Trouve un adjectif pour qualifier chaque émotion ressentie par la fillette. Essaie de l'écrire.**

6 **Associe chaque adjectif masculin (liste 1) à l'adjectif féminin (liste 2) qui convient.**

* 1. haut • froid • mauvais • paresseux • pluvieux • léger
2. mauvaise • légère • froide • pluvieuse • paresseuse • haute

** 1. actif • mou • doux • malin • glouton • fou • vieux
2. folle • maligne • gloutonne • vieille • active • douce • molle

7 **Écris les adjectifs au féminin.**

* blanc • beau • rond • content • bon • gris

** épais • long • sec • exact • entier • capricieux

Je repère dans un texte

8 **Lis ce texte. Recopie les adjectifs soulignés et dis s'ils sont masculin ou féminin. Écris le féminin des adjectifs qui sont au masculin.**

Violette s'est levée la nuit pour chercher à boire.

Violette se cogne au coin pointu de la grande table. Elle tombe sur le carrelage. Elle s'est fait un gros bleu. Ils sont si douloureux les gros bleus de nuits noires quand on passe des nuits blanches[1]. Voilà que Violette pleure, assise par terre, et toujours dans le noir. Rose, la maman de Violette, s'est réveillée. Ce bruit, est-ce l'orage ou un cambrioleur ?

1. *passer une nuit blanche* : ne pas réussir à dormir.

Hubert BEN KEMOUN, *Violette dans le noir*, Éd. Nathan.

J'écris

9 **Observe le contenu de cette armoire. Écris au moins 3 groupes nominaux contenant des adjectifs qualificatifs au féminin.**

L'accord de l'adjectif : singulier ou pluriel

Le mot du jour
original
Faire émerger la définition.
Quel est le féminin ?

Lisa a les **cheveux** blonds.
Elle a mis son **ciré** jaune et des **bottes** vertes.
Elle a mis aussi des **gants** gris.
Ce sont des **vêtements** originaux.

Je cherche

a. **Observe les groupes nominaux (GN) soulignés.**
Les noms en rouge sont-ils au singulier ou au pluriel ? Et le nom en vert ?

b. **Dans chaque GN, observe l'adjectif. Que peux-tu dire de l'adjectif si le nom est au singulier ? Si le nom est au pluriel ?**

c. **Repère la marque du pluriel des adjectifs. Que remarques-tu ?**

J'apprends

- **L'adjectif s'accorde avec le nom :** si le nom est au **singulier**, l'adjectif se met au **singulier** ; si le nom est au **pluriel**, l'adjectif se met au **pluriel**.
  un loup affamé → des loups affamés
- Pour former le **pluriel des adjectifs**, on ajoute souvent un **-s**, parfois un **-x**.
  agréable → agréables, jolie → jolies, beau → beaux

  Les adjectifs en **-al** font leur pluriel en **-aux** : *original → originaux*
  Les adjectifs qui se terminent par **-s**, **-x** **ne changent pas** au pluriel : *gris → gris*

Je m'exerce à mon rythme

+EXOS

1 **Reformule la règle.**
Dans le groupe nominal, si le nom est au pluriel, l'adjectif se met au … .
Pour former le pluriel des adjectifs, on ajoute souvent un … , parfois un … .

Distinguer le singulier et le pluriel des adjectifs

COLLECTIF
2 **Les adjectifs suivants sont-ils au singulier ou au pluriel ? Pourquoi ?**
ronds • salé • lourde • brutaux • malin • heureux • froide • violents • vides • longues • mûrs • bleu • belles • bon • sucré • minérale • pointu

3 **Classe les adjectifs en deux colonnes : Singulier / Pluriel.**
Attention : certains adjectifs peuvent se ranger dans les deux colonnes !

* chaud • heureuse • jaunes • sérieux • gentils • puissant • larges • splendides

** familial • précis • nouveaux • piquant • étranges • musical • rare • secs • épais

4 **Recopie uniquement les adjectifs au pluriel.**

* des élèves bavards • une eau minérale • deux longues oreilles

** Le marin courageux affronte une terrible tempête. Les vagues violentes frappent le fragile voilier. De gros nuages sombres envahissent le ciel.

Écrire le pluriel des adjectifs

COLLECTIF

5 **Trouve puis écris le pluriel des adjectifs suivants.**
parfumé • haute • amical • heureuse • mystérieux • minéral • précis • glacée

6 **Recopie les GN en ajoutant l'adjectif. Attention aux accords !**

*
- (fidèle) → un ami … / des amis …
- (nouveau) → un livre … / des magazines …
- (étrange) → un récit … / des histoires …

**
- (épais) → un pull … / des gants …
- (sérieux) → un élève … / des copains …
- (spécial) → un garçon … / des événements …
- (amicale) → une visite … / des rencontres …

7 **Recopie en accordant l'adjectif au pluriel quand c'est nécessaire.**

* des légumes vert… • un vieux… manteau • des cerises juteuse…

** Le public (*attentif*) écoute les musiciens (*talentueux*). Les (*étrange*) instruments font des sons (*original*). C'est un (*agréable*) moment !

Je repère dans un texte

8 **Lis ce texte. Recopie au moins six adjectifs et dis s'ils sont au singulier ou au pluriel.**

Des pattes tremblotantes, une tête triangulaire, de grandes oreilles, une queue toute fine, une fourrure frisottée : il a l'air si fragile l'agneau nouveau-né ! À la naissance, il est tout mouillé, et sa mère le lèche vigoureusement.

Christian MARIE, *L'agneau*, coll. Qui es-tu ?, Éd. Mango Jeunesse.

J'écris

9 **Décris les jumeaux Pas-Rigolos et les jumelles Pêle-Mêle en utilisant au moins trois adjectifs qualificatifs au pluriel.**

L'accord dans le groupe nominal

Le mot du jour

hanté

Faire émerger la définition, déterminer la nature. Recherche du champ lexical.

Je cherche

+ Matériel

a. Chaque groupe nominal doit comporter un déterminant, un nom et un adjectif. Complète chaque GN avec les mots qui conviennent :

déterminants	noms	adjectifs
les le la	donjon donjons grotte grottes	hanté hantés hantée hantées

b. Comment as-tu fait pour reconstituer les GN ? À quoi faut-il faire attention ?

c. Classe les GN obtenus en quatre colonnes :
GN masculin singulier / GN féminin singulier / GN masculin pluriel / GN féminin pluriel

J'apprends

Dans le groupe nominal, **le déterminant et l'adjectif s'accordent avec le nom.**
L'accord se fait :
– en **genre** : les mots s'écrivent **tous** soit au **masculin**, soit au **féminin** :
un petit pied → une petite tête
– en **nombre** : les mots s'écrivent **tous** soit au **singulier**, soit au **pluriel** :
un petit pied → des petits pieds

Je m'exerce à mon rythme

+ EXOS

1 Reformule la règle.
Le déterminant et l'adjectif s'accordent avec le ... dans le groupe nominal.
L'accord se fait en genre : masculin ou ... , et en nombre : singulier ou ... .

Repérer les accords dans le groupe nominal

COLLECTIF

2 Dans chaque GN, retrouve le nom qui commande l'accord du déterminant et de l'adjectif. Puis indique le genre et le nombre du GN.
Exemple : des amies sincères → GN féminin pluriel
une danse africaine • des invités joyeux • un chanteur célèbre • les jolies patineuses

3 **Recopie en complétant avec l'adjectif qui convient.**

* • une sorcière … (*effrayant/effrayante*) • un élève … (*bavard/bavarde*)
• des dents … (*pointues/pointus*) • des chemises … (*usés/usées*)

** jolie – gigantesque – belles – immenses
Les … princesses vivent dans des châteaux … . La … fée a une baguette … !

4 **Recopie en complétant avec le nom qui convient.**

* • une … lourde (*valise/sac*) • des … juteux (*cerises/fruits*)
• mon meilleur … (*copine/copain*) • les … télévisés (*journaux/journal*)

** louve – chiens – ourses – chat
Le vilain … regarde les gentils … . Les … affamées sont aussi féroces qu'une … .

Réaliser les accords dans le groupe nominal

COLLECTIF

5 **Décris chaque dessin en employant un groupe nominal contenant au moins un adjectif.**

6 **Récris ces groupes nominaux au féminin.**

* un ami précieux • un voisin amical • un boulanger réputé • un président respecté

** un spectateur attentif • un oncle sévère • un comédien heureux • un grand frère protecteur

7 **Récris ces groupes nominaux au pluriel.**

* le magnifique bouquet • une fleur fanée • un grand feu • l'oiseau jaune

** un journal sérieux • le beau ruisseau • un manteau abîmé • le nez crochu

Je repère dans un texte

8 **Lis le texte. Avec quel nom s'accordent tous les adjectifs soulignés ?**

Monsieur Lapin avait de magnifiques oreilles. Longues, blanches et soyeuses, il les entretenait avec soin et cela lui avait valu de gagner de nombreux concours de beauté. Monsieur Lapin jouait aussi les jolis cœurs au cinéma et passait souvent à la télévision. Mais certains le jalousaient : tout le monde n'avait pas de belles oreilles comme lui.

Pascal HÉRAULT, *On a volé les oreilles de Monsieur Lapin*, Éd. Lire c'est partir.

J'écris

9 **Décris ce clown en quelques phrases en employant des groupes nominaux avec des adjectifs.**

Pour commencer : Le clown a les cheveux …

Bernard BUFFET, *Clown fond jaune*, 1980.

L'accord du verbe avec son sujet

Le mot du jour
interdit
Faire émerger la définition.
Trouver le verbe de la même famille.
Inventer des phrases avec ce mot.

Ce jour-là, quand Mehdi découvre la bibliothèque déserte, il n'hésite pas longtemps. Un coup d'œil à gauche, un coup d'œil à droite, et zou ! Le voilà dans le coin interdit…

Il n'est pas déçu. Sur les couvertures des livres, il y a des mains qui tiennent des couteaux pleins de sang, des femmes presque toutes nues, des soldats qui marchent entre les morts… Wahou !

Thierry LENAIN et Cléo LÉVY-LENAIN,
Le livre qui fait peur, Éd. Nathan.

Je cherche + Matériel

a. **Dans les phrases soulignées, remplace les mots en bleu par tu .**
Puis remplace chaque verbe par la forme conjuguée qui convient :
découvres / découvrent • hésites / hésitent • sont / es
Écris tes nouvelles phrases au tableau.

b. **Fais de même avec : Mehdi et Théo .**

c. **Lorsque le sujet est au singulier, comment est le verbe ?**
Et lorsque le sujet est au pluriel ?

J'apprends

Le verbe **s'accorde** avec son sujet.
– Si le **sujet** est au **singulier**, le **verbe** est au **singulier** → *Le garçon joue.*
– Si le **sujet** est au **pluriel**, le **verbe** est au **pluriel** → *Les garçons jouent.*

Je m'exerce à mon rythme +EXOS

1 **Reformule la règle.**
Quand le sujet est au singulier, le verbe se met au … .
Quand le sujet est au pluriel, le verbe se met au … .

Distinguer les sujets au singulier et au pluriel

2 COLLECTIF **Associe chaque groupe sujet au bon verbe conjugué.**
Tu – Je – Le chien – Nous – Vous – Les pigeons

- … picorent des graines.
- … aboie fort.
- … téléphonez.
- … trembles de froid.
- … restons à la maison.
- … dévale les escaliers.

3 Recopie les phrases en choisissant le bon verbe conjugué.

* • Vous (*rangez/rangeons*) vos chambres.
• Nous (*allez/allons*) à la mer.
• Tu (*fais/faites*) un gâteau.
• Elle (*avançons/avance*).

** • Les singes (*grimpes/grimpent*).
• Le bébé (*pleure/pleurent*).
• Tu (*crie/cries*).
• Je (*gonfle/gonfles*) un ballon.

4 Récris les phrases avec le sujet proposé. Attention aux accords.

* • Papa lave la voiture. → Vous …
• Sam fait des bêtises. → Sam et Léo …
• Tu rentres trop tard. → Vous …
• Marie a un vélo. → Marie et Rose …

** • Le cheval galope. → Les chevaux …
• Les loups chassent. → Le loup …
• Les élèves disent des bêtises. → Luc …
• Je saute à la corde. → Tu …

Accorder verbe et sujet

COLLECTIF

5 Retrouve le sujet et le verbe dans chaque phrase. Justifie la terminaison du verbe.

• Les poissons rouges nagent dans l'aquarium.
• Le matin, tu manges des tartines.

6 Recopie avec un sujet qui convient.

* • … aiment jouer aux cartes.
• … plongeons dans la piscine.
• … arrives à la gare.
• … achète du pain.
• … dansez très bien.
• … roulent vite.

** • … assistent au spectacle.
• … attrapent des papillons.
• … faisons des courses.
• … arroses les plantes.
• … visitez le musée.
• … vas à la maison.

7 Recopie ces phrases en conjuguant les verbes au présent.
Attention aux accords avec le sujet.

* • Les avions décoll… .
• Devant l'école, les enfants travers… .
• Tu commenc… ta lecture.
• Dylan et Tom trac… un trait.

** • Je (*aller*) … à la plage.
• Nous (*dire*) … la vérité.
• Les filles (*porter*) … de jolies robes.
• Tu (*donner*) … des ordres.

Je repère dans un texte

8 Lis le texte. Retrouve puis recopie le sujet de chaque verbe souligné.

Si vous n'aimez pas beaucoup les dinosaures, il vaut mieux éviter de discuter avec Romain. Romain est un vrai passionné. Il ne s'intéresse qu'à ça. J'exagère un peu mais si vous voulez jouer à « chiche que t'es cap », aux chevaliers ou aux pirates, il faut demander à d'autres copains comme Charles ou Thomas.

PAKITA, *Romain adore les dinosaures*, Éd. Rageot, 2009.

J'écris

9 Décris cette peinture en deux phrases. Utilise un sujet au singulier et un sujet au pluriel.

Georges Pierre SEURAT, *Une baignade à Asnières*, 1884.

Les mots invariables

Le mot du jour

un caprice
Faire émerger la définition.
Quels adjectifs peut-on former à partir de ce mot ?

Mathilde, c'est ma fille. Quand elle était petite, elle était plutôt sage. Rarement de gros caprices. Presque jamais de bêtises. Criait pas en courant dans la rue. Trouait pas ses pantalons aux genoux. Pas la moindre tache sur sa robe. Très calme.

Béatrice FONTANEL, *Mathilde et les petits papiers*, Éd. Actes Sud Junior.

Je cherche

+ Matériel

a. **Imagine que le début du texte change : « Mathilde et Rose, ce sont mes filles… » Transforme la phrase soulignée à l'aide des étiquettes :**

elles | petites | quand | sages | étaient | plutôt | elles | étaient

b. **Compare ta phrase avec la phrase soulignée. Quels mots changent ? Quels mots ne changent pas ?**

J'apprends

- Les **mots invariables** s'écrivent toujours de la **même façon** : ce sont des mots qui **ne s'accordent pas**.
  *Julien est **encore** absent. Les enfants sont **encore** absents.*
- Ces mots ont souvent une **orthographe particulière** : il faut les **apprendre par cœur**.
  ailleurs, alors, beaucoup, bientôt, chez, combien, jamais, longtemps, toujours, mais…
  Retrouve la liste à la fin de ton manuel, page 168.

Je m'exerce à mon rythme

+ EXOS

1 **Reformule la règle.**
Les mots invariables s'écrivent toujours … .

Reconnaître les mots invariables

2 COLLECTIF **Retrouve les mots invariables. Comment peut-on faire pour les reconnaître ?**
hier • toujours • dessus • parfois • joli • seulement • chien • dans • fleur

3 **Recopie chaque liste puis barre le ou les intrus.**

* **a.** depuis • ensuite • donc • mais • colle • chez • puis • cela
b. avant • lorsque • déjà • dessus • table • avec • jamais

** **c.** autrefois • aujourd'hui • arbre • demain • quoi • précieux • alors • ainsi
d. aussi • aussitôt • beau • tard • loin • presque • content • comment

4 **Lis les phrases puis recopie les mots invariables.**

* • Mon frère mange beaucoup. / Mes frères mangent beaucoup.
• Cette fille est très gentille. / Ces filles sont très gentilles.
• Le chat s'est caché derrière le lit. / Les chats se sont cachés derrière les lits.

** • La voiture s'arrête devant l'immeuble.
• Les élèves ne passent jamais par cet escalier.
• Pose ton sac sur la table.

Employer des mots invariables

COLLECTIF

5 **Décris chaque dessin en une phrase.**

6 **Recopie en remplaçant les mots invariables par leur contraire.**

* • Amir est plus grand que toi.
• Le spectacle s'est terminé très tard.
• J'irai à l'école avec mon cartable.
• Le camion s'est garé devant la maison.

** • Cette chanson passe souvent à la radio.
• Il y a peu d'invités à son anniversaire.
• Tu iras au cinéma. Avant, tu feras tes devoirs.

7 **Recopie et complète avec le mot invariable qui convient.**

* • (très – beaucoup – pour) Il pleure … .
• (sans – encore – dehors) Elle a … gagné !
• (déjà – jamais – hier) J'ai … sept ans !

** très – chez – pendant – beaucoup – toujours – pour

… les vacances, je vais … mes grands-parents. La route est … longue … y aller. Il y a … de virages. Je suis … malade !

Je repère dans un texte

8 **Lis ce texte, puis retrouve et recopie au moins cinq mots invariables.**

J'ai planté un sapin
Dans mon petit jardin
Pour que le Père Noël
Quand il viendra du ciel
N'oublie pas ma maison
Et mes petits chaussons

Je suis allé le chercher
Au fond de la forêt
C'était encore un bébé
Je l'ai mis près de la haie
Il a déjà bien grandi
Je suis si fier de lui

Anny et Jean-Marc VERSINI, D.R.

J'écris

9 **Zozo est un chiot très coquin !**
Écris une phrase sur chaque dessin pour dire où est Zozo et ce qu'il fait.

a, à

Le mot du jour
un insecte
Faire émerger la définition et les caractéristiques.

La coccinelle est facile à reconnaître avec sa robe rouge à points noirs. Ronde dessus et plate dessous, elle a la forme d'un petit pois coupé en deux.

Patrick LORNE, Valérie TRACQUI, *La coccinelle, petit ogre du jardin*, Éd. Milan.

Je cherche

+ Matériel

a. Transforme les phrases de ton texte en remplaçant, quand c'est possible, les mots en couleur par avait. Tes phrases doivent garder du sens.

b. Quel mot peux-tu remplacer par avait ? De quel verbe s'agit-il ?

J'apprends

Il ne faut pas confondre **a** et **à** :
- **a** est une forme conjuguée du **verbe « avoir »**, on peut le remplacer par **avait**.
  Sandy a mal aux dents. → Sandy avait mal aux dents.
- **à** est un mot invariable → *Théo parle à son père.*

Je m'exerce à mon rythme

+EXOS

1 **Reformule la règle.** On peut remplacer a par … .

Distinguer *a, à*

COLLECTIF

2 **Remplace les mots soulignés par avait quand c'est possible.**
• Marine a avalé un noyau. • Luc va à la piscine. • Merlin a oublié son bonnet à l'école.

3 **Recopie en remplaçant le mot souligné par avait quand c'est possible.**
* • Anissa part à la montagne. • Abdoul a attrapé des insectes. • Sophie a un joli collier.
** • Samy a déjeuné à la cantine. • Le bus a tourné à droite, puis à gauche.

Employer *a, à*

4 **Recopie et complète avec a ou à.**
* • Ce sont des patins … roulettes. • La maîtresse … un beau pull. • J'ai mal … la tête.
** • Il y … du linge … ranger. • … la montagne, Simon … froid.

J'écris

5 **Écris deux phrases sur cette photo. Utilise les mots a ou à.**
Pour t'aider : où se trouve ce garçon ? Qu'a-t-il sur le front ?

est, et

Le mot du jour
une frimousse
Faire émerger la définition.
Donner des synonymes.

La chouette a une drôle de frimousse : ses yeux sont placés sur le devant de sa tête. Elle n'**est** pas comme les autres oiseaux, qui ont les yeux sur les côtés. Sa vue **est** très perçante **et** elle voit même dans le noir.

Elisabeth PEGEON, *C'est comment… une chouette*, Rustica Editions.

Je cherche + Matériel

a. Transforme les phrases de ton texte en remplaçant les mots en couleur par les étiquettes : était • et puis • était
Tes phrases doivent garder du sens.

b. Quel mot peux-tu remplacer par était **? De quel verbe s'agit-il ?**

J'apprends

Il ne faut pas confondre **est** et **et**.
– On peut remplacer **est** par **était** : c'est une forme conjuguée du **verbe « être »**.
– On peut remplacer **et** par **et puis**.
*Marion **est** sage **et** très gentille. → Marion **était** sage **et puis** très gentille.*

Je m'exerce à mon rythme +EXOS

1 **Reformule la règle.** On peut remplacer est par … , et par et puis.

Distinguer *est, et*

2 COLLECTIF **Remplace les mots soulignés par était ou par et puis.**
• J'adore les fraises et la glace ! • La bouteille est vide. • Elle est belle et élégante.

3 **Recopie en remplaçant est par était et et par et puis.**
* • Maria est en retard. • Je voudrais du pain et du fromage. • Le linge est là.
** • Ce manteau est bleu et rouge. • Léa est allée à la piscine et au cinéma.

Employer *est, et*

4 **Recopie et complète avec est ou et.**
* • Anne … Maud sont parties. • Emily … la sœur de Kévin. • Chloé … triste.
** • Ce chien … gentil … joueur. • Sam … au judo le lundi … le jeudi.

J'écris

5 **Écris deux phrases sur cette photo.**
Utilise les mots est et et.
Pour commencer : Le skieur est…

Révisions

ÉVALUATION

La lettre *s*

1 Classe les mots en deux colonnes : J'entends [s] / J'entends [z].
une pastille • un poisson • une ardoise • un soldat • une caisse • un escalier • la télévision • la musique • respirer

2 Recopie et complète avec s ou ss.
Méli...a arro...e la pelou...e de son jardin. Elle a mouillé ses chau...ures. Elle ob...erve les framboi...es. Elle veut les dégu...ter.

La lettre *c*

3 Classe les mots en deux colonnes : J'entends [s] / J'entends [k].
un berceau • un éclair • minuscule • une cigale • un canapé • une bicyclette • un garçon • la crème • une balançoire

4 Recopie et complète avec c ou ç.
un ...onseil • é...rire • nous tra...ons • mer...redi • un cale...on • des hari...ots • l'espa...e • un ...ro...odile • le fran...ais

La lettre *g*

5 Classe les mots en deux colonnes : J'entends [g] / J'entends [ʒ].
la gymnastique • garnir • déguerpir • un pigeon • un gardien • un plongeon • la nageuse • une grille • une gifle

6 Recopie et complète avec g, gu ou ge.
- Le ...ide attend devant la ...rille du musée.
- La ...lace à la man...e est un vrai ré...al !
- Je fais des tours avec ma ba...ette ma...ique.
- Nous man...ons dans une auber...e.

m devant *m*, *b*, *p*

7 Recopie et complète avec n ou m.
bo...jour • co...pter • to...ber • du savo... • une ama...de • un ruba... • une a...poule • un me...so...ge • e...brasser • les no...bres

8 Recopie et complète avec n ou m.
- Marina ne ra...ge jamais sa cha...bre.
- Cet été, nous irons ca...per à la mo...tagne.
- E...toure les mots i...porta...ts.
- En nove...bre, nous irons à la ca...pagne.

Les accents sur la lettre *e*

9 Recopie seulement les mots contenant le son [ɛ]. Entoure la lettre qui fait ce son avec son accent.
honnête • des cacahuètes • une infirmière • l'amitié • une barrière • du thé • une tempête • un ancêtre • le pré • un piège

10 Recopie les mots et mets deux accents pour chaque mot.
l'ete • la realite • l'elephant • la meteo • preferer • demenager • une ecoliere • il est desole • la recreation • une epee

Le féminin des noms

11 Classe les noms en deux colonnes : Noms féminins / Noms masculins.
un ami • une chaise • une copine • un cousin • une caissière • un voyageur • un lapin • un tablier • une marchande

12 Écris le féminin des noms suivants.
un danseur • un menteur • un champion • un instituteur • un cuisinier • un garçon

Le pluriel des noms

13 Recopie avec un ou des.
... parapluie • ... jouets • ... livres • ... jeux • ... journaux • ... arrosoir • ... crayon • ... copain • ... tableau • ... cheveux

14 Écris au pluriel.
un seau • une grimace • un jumeau • un feu • un hôpital • un trou • une nuit • un bateau • un poème • une souris

L'accord de l'adjectif : masculin ou féminin

15 Recopie les adjectifs féminins.

- une belle robe
- un joli bouquet
- une dent pointue
- un ciel gris
- une boisson sucrée
- un film ennuyeux
- une grosse averse
- une tulipe rouge

16 Écris les adjectifs au féminin.

meilleur • bon • beau • joyeux • amer • long • vieux • crochu • obéissant • petit

L'accord de l'adjectif : singulier ou pluriel

17 Recopie les adjectifs au pluriel.

- des cheveux blonds
- une musique douce
- des objets curieux
- des nuages sombres
- un loup terrible
- des passages secrets
- des poissons bleus
- un saut périlleux

18 Écris le pluriel des adjectifs suivants.

bavard • affamé • brutal • ronde • surpris • dangereux • moelleuse • nouveau • sec • vide

L'accord dans le groupe nominal

19 Recopie chaque GN et indique :
– son genre (masculin ou féminin)
– et son nombre (singulier ou pluriel).

- un pantalon troué
- une salade verte
- des chevaliers courageux
- les grandes vacances
- ces jeunes chiots
- une belle journée

20 Récris ces GN au pluriel.

- une eau minérale
- un gentil garçon
- une pluie violente
- une crème glacée
- un train rapide
- un roi heureux

L'accord du verbe avec son sujet

21 Recopie avec un sujet qui convient.

- ... monte en silence.
- ... arroses les plantes.
- ... visitez le musée.
- ... attrapent des papillons.

22 Recopie en conjuguant le verbe au présent. Attention aux accords avec le sujet.

- Le musicien jou... du piano.
- Vous entr... dans la chambre.
- Les jardiniers plant... des arbres.
- Le gendarme arrêt... le cambrioleur.

Les mots invariables

23 Recopie les mots invariables.

une carte • mais • bruyant • des sapins • épaisse • dessus • sur • dans • la radio

24 Recopie avec le mot invariable qui convient : hier – trop – bientôt – derrière.

- Ce chien mange ... .
- Il s'est caché ... l'arbre.
- Nous serons ... en vacances.
- Lise est arrivée ... .

a, à

25 Recopie en remplaçant le mot souligné par avait quand c'est possible.

- Maman utilise son fer <u>à</u> repasser.
- Maria <u>a</u> de la chance.
- Mamie <u>a</u> perdu une aiguille <u>à</u> tricoter.
- Pierre <u>a</u> offert des fleurs <u>à</u> Julie.

26 Recopie et complète avec a ou à.

- Le pélican ... un grand bec.
- Marion ... un manteau ... capuche.
- Il ... traversé le lac ... la nage.
- Elle ... mangé un chou ... la crème.

est, et

27 Recopie en remplaçant est par était et et par et puis.

- Solène est douce et souriante.
- L'histoire est terminée.
- Cette fleur est très belle.
- Sophie et Alex ne reviendront pas.

28 Recopie et complète avec est ou et.

- Les pêches ... les mûres sont des fruits.
- La route ... très glissante.
- Noé ... malade depuis trois jours ... il n'... pas allé chez le docteur.

Dictées préparées

En **rouge** : rappel des mots du jour de chaque leçon.

La lettre *s*

Dans **le désert**, les touristes doivent rester sur la piste. Le sable chaud entre dans les chaussures.

La lettre *c*

Le limaçon et son copain l'escargot veulent encore manger de la citrouille.

La lettre *g*

Marguerite ne mange pas ses légumes le midi. Après l'école, elle va acheter des gâteaux à **la boulangerie**.

m devant *m*, *b*, *p*

Le dompteur du cirque a **dompté** un éléphant. Il lui demande de grimper sur un tambour renversé.

Les accents sur la lettre *e*

Pendant la récréation, **une guêpe** embête les élèves. La directrice les observe par la fenêtre. Elle s'inquiète.

Le féminin des noms

Mon oncle et ma tante ont trois enfants : un garçon et deux filles. Ma cousine aime beaucoup se déguiser en **princesse**.

Le pluriel des noms

Pour faire ses sablés, maman mélange plusieurs ingrédients : trois œufs, du sucre, du lait et de la farine. Je **dévore** les gâteaux comme un ogre !

L'accord de l'adjectif : masculin ou féminin

L'affreux chat poursuit la petite souris **audacieuse**. Elle porte une grosse noisette entre ses pattes griffues.

L'accord de l'adjectif : singulier ou pluriel

L'artiste peint des tableaux **originaux**. Il utilise des couleurs vives. Ses curieux outils sont sur son établi.

L'accord dans le groupe nominal

À la fête foraine, mon grand frère a visité la maison **hantée**. Il y avait des fantômes effrayants et des araignées poilues.

L'accord du verbe avec son sujet

La circulation est **interdite** dans la rue du centre. Les piétons marchent sur la chaussée.

Les mots invariables

Marina fait toujours **des caprices** : au supermarché, dans la rue et même chez la coiffeuse...

a, *à*

Il y a **des insectes** partout. Léa a trouvé des fourmis à l'école.

est, *et*

La frimousse d'Amélie est toute barbouillée. Ses joues et son menton sont rouges !

Vocabulaire

L'ordre alphabétique (1)

Le mot du jour
un abécédaire
Faire émerger la définition et les caractéristiques. Rappel des affichages présents dans les classes de GS et de CP.

Je cherche +Matériel

a. Observe l'illustration. Remets les lettres dans l'ordre où on les trouve habituellement.

b. Classe ces mots en regardant leur première lettre.

casserole • bateau • dindon • arbre

c. Comment appelle-t-on l'ordre dans lequel on classe les lettres habituellement ?

d. Comment appelle-t-on les lettres bleues ? Les lettres rouges ?

J'apprends

- Les **26 lettres de l'alphabet dans l'ordre alphabétique** sont :
A, B, C, D, E, F, G, H, I, J, K, L, M, N, O, P, Q, R, S, T, U, V, W, X, Y, Z
– Il y a 20 **consonnes** : B, C, D, F, G, H, J, K, L, M, N, P, Q, R, S, T, V, W, X, Z.
– Il y a 6 **voyelles** : A, E, I, O, U, Y.
- On peut classer les mots dans **l'ordre alphabétique** en regardant d'abord leur **première lettre**.
boisson – animal – cabane → animal – boisson – cabane

Je m'exerce à mon rythme +EXOS

1 **Reformule la règle.**
Les 26 lettres de l'alphabet sont classées dans l'ordre … .
Pour classer les mots dans l'ordre alphabétique, on regarde d'abord la … lettre.

Classer des lettres dans l'ordre alphabétique

2 COLLECTIF **Avec tes camarades, récitez l'alphabet à tour de rôle :**
- d'abord, lettre par lettre : *A, B, C…*
- puis par groupe de deux lettres : *AB, CD, EF…*
- enfin, par groupe de trois lettres : *ABC, DEF, GHI…*

3 **Recopie et complète chaque série de lettres.**

* a - b - c - … • M - N - O - … • e - f - g - … • C - D - … • i - j - k - …

** R - S - … - U • k - l - … - … • G - … - … - J • … - v - … - x • … - … - J - K

4 **Récris chaque série de lettres en les classant dans l'ordre alphabétique.**

* b - d - a - f - e - c • P - K - L - O - M - N • d - c - a • M - P - K

** R - T - Y - S - B • m - u - w - a - v • S - D - H - K - Z • a - z - e - r - t

Classer des mots dans l'ordre alphabétique (1re lettre)

COLLECTIF

5 **Écris les mots correspondant aux dessins, puis classe-les dans l'ordre alphabétique :**

6 **Récris chaque série de mots dans l'ordre alphabétique.**

* • orange – pomme – fraise
• ours – poule – lapin

** • renard – oiseau – souris – lion
• demander – apprendre – cacher – épeler

7 **Recopie chaque série de mots en ajoutant les mots en bleu à la bonne place.**

* • armoire – … – koala – mer – … – … (panda – herbe – trombone)
• … – festin – … – injure – … – voilier (hippocampe – crêpe – moule)
• … – ketchup – niche – … – secret – … (bille – univers – raquette)

** • bonnet – pingouin – rusé – zèbre (citrouille – valise)
• licorne – nageoire – potager – rose (falaise – chacal)
• aspirateur – plume – ravin – souffler (gruyère – dune)

Je repère dans un texte

8 **Lis cet extrait de poème. Où retrouves-tu l'alphabet ?**

Alphabet

A c'est l'âne agaçant l'agnelle,
B c'est le boulevard sans bout,
C la compote sans cannelle,
D le diable qui dort debout.

E c'est l'école, les élèves,
F le furet féru de grec,
G la grive grisant la grève,
H c'est la hache et l'homme avec. […]

Maurice CARÊME, *Poèmes*, Éd. La renaissance du livre.

J'écris

9 **Invente ton mini-abécédaire : cherche des noms commençant par les lettres A, B, C, D, E et F puis dessine et déguise tes lettres.**

beille B… C…

L'ordre alphabétique (2)

Le mot du jour

une épice
Faire émerger la définition et des exemples. Quels sont leur provenance, leur rôle… ?

Le cuisinier Marmiton a décidé de classer toutes ses épices dans l'ordre alphabétique. Voudrais-tu l'aider ?

Je cherche

+ Matériel

a. Classe dans l'étagère l'épice qui commence par la lettre A.

b. Observe les rayons des P et des C. Classe au bon endroit les épices en P. Termine par les épices en C.

c. Comment as-tu fait pour classer les épices en A ? Quelle lettre regardes-tu ?

d. Comment as-tu fait pour classer les épices en P ? en C ?

J'apprends

- Pour **classer** les mots dans l'**ordre alphabétique** :
  – on regarde d'abord **la première lettre** de chaque mot :
  mangue – aigle → aigle – mangue
  – **si la première lettre est la même**, on regarde la **deuxième lettre** :
  bonnet – bagage → bagage – bonnet
  – **si la deuxième lettre est la même**, on regarde la **troisième lettre** :
  café – cabane → cabane – café
- Dans le **dictionnaire**, les mots sont classés dans l'**ordre alphabétique**.

Je m'exerce à mon rythme

+EXOS

1 **Reformule la règle.**
Pour classer les mots dans l'ordre alphabétique, on regarde d'abord la première lettre, puis la deuxième … , puis la … lettre.

Classer des syllabes dans l'ordre alphabétique

COLLECTIF

2 **Jeu : trois élèves disent chacun une syllabe. D'autres élèves les écrivent au tableau. Puis la classe essaie de les classer dans l'ordre alphabétique. Et on recommence !**

3 **Récris chaque série de syllabes en les classant dans l'ordre alphabétique.**

* • ci - ca - co • mu - me - ma • al - ab - ar • do - dy - da • ku - ky - ko

** • bir - bru - bar • mon - mai - mel • cri - cra - cru • ply - plo - pla • tro - tré - tra

4 **Recopie et complète chaque série de syllabes de façon à garder l'ordre alphabétique.**

* • ba - (*bi* ou *bu* ?) - bo • moi - (*mou* ou *mul* ?) - moy
• bli - (*bly* ou *blo* ?) - blu • ban - (*bus* ou *bap* ?) - bas

** • par - ... - pre • ... - ran - rin • bai - boi - ... • dan - dis - ... • fai - ... - fau

Classer des mots dans l'ordre alphabétique

COLLECTIF

5 **Retrouve le nom des instruments, puis classe-les dans l'ordre alphabétique.**

6 **Recopie chaque série de mots dans l'ordre alphabétique.**

* • lit – lecteur – lutin • difficile – dictée – diamant

** • piscine – panthère – persil – poireau • crèche – cruel – criquet – crapaud

7 **Recopie chaque série de mots en ajoutant les mots en bleu à la bonne place.**

* • campeur – ... – éponge – fée – ... – ... (géant – droitier – génie)
• ... – lettre – ... – loi – ... – lycée (lundi – lit – lait)
• ... – madame – magie – ... – malin – ... (machin – maman – maillot)

** • arbre – balcon – garçon – incendie (étoile – haut)
• paresse – pipe – plastique – président (poire – pépin)
• galette – gant – gâteau – gauche (gazelle – gagner)

Je repère dans un texte

8 **Lis ce texte. Retrouve les cinq mots qui commencent par m et classe-les dans l'ordre alphabétique.**

Un petit garçon bricoleur a fabriqué un mammouth…

Comme il n'y avait pas assez de place à la maison pour un mammouth, j'ai dû le mettre dans l'atelier de papa. Le mammouth avait l'air content. Il était à l'aise avec tous ces outils. Il faisait un raffut d'enfer et donnait de grands coups de marteau. J'étais trop curieux pour m'endormir, alors, je me suis levé.

Joel STEWART, *Moi et mon Mammouth*, Éd. Milan.

J'écris

9 **Trouve le nom des quatre animaux et classe ces noms dans l'ordre alphabétique. Puis écris une phrase avec un des quatre noms.**

Se repérer dans le dictionnaire

Le mot du jour

un jockey
Faire retrouver la définition dans la double page de dictionnaire.
Donner un synonyme.

mot repère → **jeudi**

colonne →

article du dictionnaire →

mots écrits en gras dont on donne la définition →

336

A B C D E F G H I **J** K L M N O P Q R S T U V W X Y Z

jeudi nom masculin
Le jeudi, c'est le quatrième jour de la semaine, entre le mercredi et le vendredi. *Mamie vient me chercher à l'école tous les jeudis.*

à **jeun** adverbe
À jeun, c'est sans avoir mangé. *Il faut que tu sois à jeun pour ta prise de sang,* il faut que tu n'aies rien mangé depuis que tu t'es réveillé.

① **jeune** adjectif
1. Une personne jeune, c'est une personne qui n'a pas un grand âge. *La maman de Léo est une jeune femme.*
2. *Paul est plus jeune que Léa,* il a moins d'années qu'elle.
■ Le contraire de jeune, c'est **âgé, vieux.**

② **jeune** nom masculin et féminin
Les jeunes, ce sont les jeunes gens et les jeunes filles. *Les jeunes du quartier se retrouvent souvent sur la place de la Mairie.*
■ Cherche aussi **adolescent.**

jeûne nom masculin
Pendant le ramadan, les musulmans doivent respecter le jeûne, ils ne doivent rien manger jusqu'au soir.
➪ Ce mot s'écrit avec un **û.**

jeunesse nom féminin
1. La jeunesse, c'est le moment de la vie où l'on est jeune, où l'on n'est plus un enfant et où l'on n'est pas encore un adulte. *Dans sa jeunesse, Papi avait les cheveux très noirs.*
2. La jeunesse, c'est l'ensemble des jeunes. *Marine regarde à la télévision les émissions pour la jeunesse.*

jockey nom masculin
Un jockey, c'est une personne qui monte un cheval dans une course. *Les jockeys sont prêts à prendre le départ.*
■ Ce mot vient de l'anglais.
■ Un jockey est un **cavalier.**

jogging nom masculin
Un jogging, c'est une promenade que l'on fait en ne courant pas très vite, pour être en forme. *Le père de Marie fait un jogging tous les matins avant d'aller travailler.*
■ Ce mot vient de l'anglais.

joie nom féminin
La joie, c'est le sentiment que l'on éprouve quand on est heureux et très content. *Mamie a accepté avec joie de venir me garder.*
■ Tu peux dire aussi **plaisir.**
■ Le contraire de joie, c'est **tristesse.**

joindre verbe
1. *Anna joint les mains,* elle rapproche ses mains l'une de l'autre jusqu'à ce qu'elles se touchent.
2. *Charles joindra une photo à la lettre qu'il enverra à sa grand-mère,* il mettra une photo avec sa lettre.
3. *Maman n'a pas réussi à joindre la mère de Cassandra au téléphone,* elle n'a pas réussi à lui parler au téléphone.

Le **jockey** se tient bien sur son cheval.

Je cherche

Matériel

a. **Observe la légende de gauche. Puis complète la légende de droite à l'aide des étiquettes.**

A mot repère — B lettre qui indique où on se situe dans le dictionnaire — C illustration — D numéro de la page — E colonne

1

337

2

jour

3

4

5

a b c d e f g h i j k l m n o p q r s t u v w x y z

joint, jointe adjectif
Élise a sauté à pieds joints dans la flaque d'eau, elle a sauté, les deux pieds serrés l'un contre l'autre.

joli, jolie adjectif
Ingrid est jolie, elle est agréable à regarder. *Maxence a une jolie voix,* il a une voix agréable à entendre.
- Tu peux dire aussi **beau.**
- Le contraire de joli, c'est **affreux, laid, vilain.**

jongleur nom masculin,
jongleuse nom féminin
Un jongleur, une jongleuse, c'est une personne dont le métier est de jongler. *Au cirque, Lilou a applaudi les jongleurs.*

jonquille nom féminin
Une jonquille, c'est une fleur jaune qui pousse dans les champs et dans les bois au printemps. *David a cueilli des jonquilles pour sa mère.*

Des **jonquilles.**

jouer verbe
1. Jouer, c'est s'amuser, faire quelque chose pour se distraire. *Cléa et Charlotte jouent dans le jardin. Lou joue à la poupée. Rémi joue au football et au tennis,* il a l'habitude de faire ces sports.
2. *Alban sait jouer du piano,* il sait faire de la musique avec un piano.
3. *Adèle joue Cendrillon dans la pièce,* elle a le rôle de Cendrillon, c'est elle qui fait Cendrillon.

jouet nom masculin
Un jouet, c'est un objet avec lequel on joue. *Juliette a eu beaucoup de jouets à Noël.*

joueur nom masculin,
joueuse nom féminin
Un joueur, une joueuse, c'est une personne qui joue à un jeu ou qui participe à un match. *Yann distribue des cartes à chacun des joueurs. Mattéo est un très bon joueur de tennis.*

jour nom masculin
1. Le jour, c'est le temps, entre le lever et le coucher du soleil, pendant lequel il fait clair. *Le coq chante dès qu'il fait jour.*
- Le contraire de jour, c'est **nuit.**

2. Un jour, c'est une durée de 24 heures, de minuit à minuit. *Lundi, mardi, mercredi, jeudi, vendredi, samedi et dimanche sont les sept jours de la semaine. Quel jour sommes-nous ?*
- Cherche aussi **journée.**

b. Remets ces articles à leur bonne place dans la page de droite.

joue nom féminin
La joue, c'est la partie du visage qui est sous l'œil, entre le nez et l'oreille. *Arnaud embrasse Rachel sur les deux joues.*

jongler verbe
Jongler, c'est lancer plusieurs objets en l'air en même temps, les rattraper et recommencer. *Le clown jongle avec quatre balles.*

c. Combien de fois les mots repères sont-ils écrits dans la double page ? Où ?

d. Le mot « crabe » pourrait-il être classé dans cette double page ?

Se repérer dans le dictionnaire

J'apprends

- Dans le dictionnaire, les mots sont classés dans l'**ordre alphabétique**.
- Pour **chercher un mot** dans le dictionnaire :
  - on regarde d'abord sa **première lettre** : elle nous montre **dans quelle partie du dictionnaire** il faut chercher.
  - puis on s'aide **des mots repères** : ils indiquent le **premier mot** et le **dernier mot** de la **double page**.
- Le dictionnaire nous renseigne sur **le sens** et **l'orthographe** d'un mot : on **essaie** d'abord de l'écrire, puis on **vérifie** la bonne écriture avec le dictionnaire.

Je m'exerce à mon rythme

+EXOS

1 Reformule la règle.
Quand on cherche un mot dans le dictionnaire, on regarde d'abord sa … lettre, puis on s'aide des mots … .

Apprendre à se repérer dans le dictionnaire

COLLECTIF
2 Nomme les dessins. Où faut-il chercher chaque mot dans le dictionnaire : plutôt au début, au milieu ou à la fin ?

3 Dans ton dictionnaire, cherche puis écris des mots que tu trouveras :

	au début	au milieu	à la fin
*	… , … et danseur	… , … et ouragan	… , … et zoo
**	… , … et …	… , … et …	… , … et …

4 Recopie chaque mot et indique s'il est situé au début (D), au milieu (M) ou à la fin (F) du dictionnaire.
* carapace • douillet • lutin • marécage • vestiaire • wagon
** volcan • yaourt • croissant • kiwi • limace • touriste

Utiliser les mots repères

COLLECTIF
5 Cherche ces mots dans ton dictionnaire. Entre quels mots repères sont-ils situés ?
combat • gaufre • tronc • refrain • vampire • carrelage • handicapé

6 Cherche chaque mot dans ton dictionnaire et écris les mots repères de la double page où il se trouve.
* bain • cactus • gant • maigre
** précoce • scorpion • infirme • donjon

7 **Recopie chaque liste et barre les intrus qui se sont glissés entre les MOTS REPÈRES.**

*

CRUAUTÉ	CURIEUX
banque – cueillir – cuisine – cuisson – égalité – culotte	

**

FLEUR	FONCÉ
folie – former – flûte – fossé – flore – foire	

Chercher des mots dans le dictionnaire

COLLECTIF

8 **Observe ta double page de dictionnaire (pages 152-153 de ton manuel) et réponds aux questions.**

- Quel est le mot défini juste avant « joie » ? Et juste après « joie » ?
- Retrouve l'orthographe du mot correspondant au dessin →

9 **Cherche ces mots dans ton dictionnaire, puis écris :**
– le mot qui vient juste avant, – le mot qui vient juste après.

* • ... – abîmer – ... • ... – danger – ... • ... – zigzag – ...

** • ... – surveiller – ... • ... – pauvre – ... • ... – nerf – ...

10 **Essaie d'écrire ces mots, puis vérifie l'orthographe avec ton dictionnaire.**

*

une bal...

un év...

un per...

une ra...

**

Je repère dans un texte

11 **Lis cette vignette de la bande dessinée *Max et Lili*.**
Pourquoi Max ne trouve-t-il pas le mot « susceptible » dans son dictionnaire ?
Cherche-le pour lui dans ton dictionnaire.

Dominique DE SAINT MARS et Serge BLOCH, *Max et Lili ne font pas leurs devoirs*, Éd. Calligram.

J'écris

12 **Cherche les noms de ces animaux dans ton dictionnaire pour savoir comment les écrire sans erreur. Emploie chacun d'eux dans une phrase.**

Lire un article de dictionnaire

Le mot du jour

une brebis
Faire émerger la définition.
Retrouver le nom du petit dans la page, trouver le nom du mâle.

nature du mot

définition du mot

phrase d'**exemple**

contraire du mot

agiter (verbe)
Agiter, c'est remuer dans tous les sens. *Agitez la bouteille avant de l'ouvrir,* secouez la bouteille.

agneau nom masculin
Un agneau, c'est un jeune mouton.
Le petit agneau tète la brebis.
Au pluriel : des **agneaux.**

Un **agneau.**

agrandir verbe
Agrandir, c'est rendre plus grand. *La boulangère a agrandi son magasin. Papa a fait agrandir une photo.*

agréable adjectif
L'odeur d'un gâteau qui cuit est une odeur très agréable, c'est une bonne odeur que l'on a du plaisir à sentir.
■ Le contraire de agréable, c'est **désagréable.**

agressif, agressive (adjectif)
Une personne agressive, c'est une personne qui attaque les autres par des gestes ou des paroles même si on ne lui a rien fait. *Calme-toi, ne sois pas si agressif !*
■ Le contraire de agressif, c'est **doux.**

agricole adjectif
Labourer la terre, semer et faire les moissons sont des travaux agricoles,

1

2

3

4

5

Je cherche

+ Matériel

a. Observe bien la légende de gauche puis complète la légende de droite à l'aide des étiquettes :

A nature du mot — B contraire du mot — C définition du mot — D article de dictionnaire — E phrase d'exemple

b. À ton avis, de quel livre provient cet extrait ?

c. Quels renseignements peux-tu trouver dans un article de dictionnaire ?

J'apprends

- Dans un **article** de dictionnaire, on trouve la **définition** du mot que l'on cherche.
- On trouve également d'autres **renseignements** :
  – la **nature** du mot (verbe, nom, adjectif...) et le **genre** des noms (masculin ou féminin),
  – une **phrase d'exemple** qui aide à mieux comprendre le mot (souvent écrite *en italique*),
  – parfois un **synonyme** ou un mot de sens **contraire**.
- Dans un dictionnaire, les **verbes** sont écrits à **l'infinitif**.

Je m'exerce à mon rythme

+ EXOS

1 **Reformule la règle.**
Dans un article de dictionnaire, on trouve la ... du mot, mais aussi beaucoup d'autres renseignements.

Repérer la définition et la phrase d'exemple

COLLECTIF

2 **Écris les mots représentés par les dessins. Puis cherche dans le dictionnaire la définition et la phrase d'exemple de chaque mot.**

3 **Recopie…**

***** **chaque mot avec sa définition :**

éclairer •	• c'est le début de la journée
une cafetière •	• c'est donner de la lumière
le matin •	• c'est un récipient dans lequel on fait du café

****** **chaque définition avec son exemple :**

c'est le cinquième mois de l'année •	• Youssef a mangé de la **raie**.
c'est un poisson plat qui vit dans la mer •	• Il **soulève** la chaise pour passer le balai.
c'est lever pas très haut •	• Le 1er **mai** on offre du muguet.

4 **Cherche chaque mot dans ton dictionnaire, puis recopie sa définition.**

***** abonnement – bond – cabine – daim ****** jument – rapetisser – hochet – pavillon

Chercher d'autres renseignements

COLLECTIF

5 **Observe bien les articles de dictionnaire (page 156 de ton manuel). Retrouve :**

• 2 verbes • le pluriel de « agneau » • le contraire de « agressif »

6 **Cherche les mots dans ton dictionnaire et recopie les renseignements demandés :**

***** **la nature des mots (verbe, nom…)** : mélodie – rouspéter – ébouriffé

****** **le genre des noms (féminin ou masculin)** : cargaison – soupçon – pétale

7 **Écris les mots soulignés tels que tu les trouverais écrits dans ton dictionnaire. Cherche puis recopie leur définition.**

***** Le chat miaule. • Sabine jette le journal.

****** Rex et Scamp gambadent derrière leur maître. • Les souris ont rongé les fils.

Je repère dans un texte

8 **Lis cet article du *Dictionnaire des mots tordus*, puis cherche ce mot dans ton dictionnaire. Est-ce la même définition ? Quel est ce mot en réalité ?**

Flamme : quand un homme se marie, il vit avec sa flamme qui le réchauffe. Quand une flamme va s'éteindre, c'est qu'elle est très vieille et qu'elle ne peut presque plus bougie.

PEF, *Dictionnaire des mots tordus*, © Éd. Gallimard Jeunesse.

J'écris

9 **Lis la définition du verbe « insister ». Invente une phrase d'exemple pour ce mot.**

> **insister** verbe
> Insister, c'est demander quelque chose plusieurs fois et avec force jusqu'à ce qu'on l'obtienne.

© *Dictionnaire Le Robert benjamin 6-8 ans*, Le Robert.

Les familles de mots

Le mot du jour

le dentiste

Faire émerger la définition. Débat sur l'importance de la visite chez le dentiste, comment se brosser les dents.

Je cherche

+ Matériel

a. **Observe l'illustration. Associie chaque étiquette à la lettre qui convient.**

dent • dentifrice • édenté • dentiste • dentier

b. **Quel mot retrouves-tu dans tous ces mots ?**

c. **Peut-on ajouter le mot « incisive » à cette liste de mots ? Pourquoi ?**

J'apprends

- Des mots qui sont formés à partir d'un même **mot simple** sont des mots de la **même famille**.
  → à partir du mot simple ***fleur***, on forme ***fleur**iste*, ***fleur**ir*, *re**fleur**ir*
- Des mots d'une même famille ont souvent des **sens proches**.

Je m'exerce à mon rythme

+EXOS

1 **Reformule la règle.**
Des mots formés à partir d'un même mot simple sont des mots de la même … .
Ils ont des sens … .

Reconnaître des mots d'une même famille

COLLECTIF

2 **Classe ces mots en trois groupes selon leur famille : terre / glace / soleil.**
glacière • ensoleillé • terrier • terrain • terrestre • glacer • solaire • souterrain • glaçon • glacial • ensoleillement

3 **Recopie chaque famille de mots et entoure le mot simple.**
* savonnage • savonneux • savonnette • savon • savonner
** glissade • glissant • glissement • glisser • glissière • glisse

4 **Classe chaque liste de mots en deux familles.**

* long • enfantillage • longueur • enfant • allonger • longtemps • enfantin • enfanter

** droit • emboîtement • la droite • boîtier • droitier • adroitement • boîte • emboîter

5 **Recopie chaque famille de mots puis barre l'intrus.**

* **a.** jour • journal • journée • journalier • semaine • aujourd'hui
b. jardiner • jardin • potager • jardinage • jardinier • jardinière

** **c.** saut • sauver • sauterelle • sauter • sautillant • sauteur
d. long • langue • longuement • allonger • longue • rallonge

Trouver des mots d'une même famille

COLLECTIF

6 **En utilisant les étiquettes, construis des mots de la même famille que les mots proposés.**

re- | dé- | em- | mal- | -ment | -age

faire • coudre • heureux • douce • voisin • mener

7 **Pour chaque mot, trouve au moins deux mots de la même famille.**

* • la colle : ... , ... • la neige : ... , ... • la coiffure : ... , ...

** • le courage : ... , ... • le vent : ... , ... • la couleur : ... , ...

8 **Pour chaque lieu, retrouve et recopie le métier correspondant.**
Exemple : la boulangerie → le boulanger

* la poissonnerie • la charcuterie • la pâtisserie • la bijouterie

** l'infirmerie • l'épicerie • le garage • la boucherie • la pharmacie

Je repère dans un texte

9 **Lis ce texte. Pour chaque mot souligné, trouve un mot de la même famille dans le texte.**

Au bout du lac s'est installée une ville. […] Des passants s'arrêtent pour regarder l'eau, d'autres passent sans y prêter attention. […] Des insectes dansent et attirent les poissons. Les chauds rayons du soleil font évaporer l'eau. La vapeur d'eau se joint à l'air chaud et monte. Elle se transforme en petits nuages blancs qui couvrent le ciel. Le vent frais passe sur l'eau et la plisse. Le ciel devient noir et des vagues se forment.

Eléonore SCHMID, *Le voyage de l'eau*, Éd. Nord-Sud.

J'écris

10 **Trouve deux mots de la même famille dans cette photo. Puis écris une phrase avec ces mots.**

Les contraires

Le mot du jour
lamentable
Faire émerger la définition.
Trouver le verbe correspondant et l'employer dans une phrase.

Au temps des rois, sur un pic rocheux très escarpé, se dressait un gros, un magnifique château fort.

En face, sur une petite colline ronde, contre une pente très douce, se blottissait un château faible : un lamentable, misérable château **faible**.

Un gros, grand et brave seigneur possédait le superbe château **fort**.

Au fond du château faible, se cachait un très peureux petit seigneur.

Jo HOESTLANDT, *Le château fort et le château faible*, D.R.

Je cherche

a. Lis les mots en rouge. Que peux-tu en dire ?

b. Lis les mots soulignés. Retrouve dans le texte des mots qui veulent dire le contraire.

J'apprends

- Des mots qui ont des **sens opposés** sont des **contraires**.
  petit / grand • *pleurer / rire* • *une ouverture / une fermeture*
- Les contraires peuvent être :
  – des **mots de la même famille** : *possible / impossible*
  – des **mots différents** : *gentil / méchant*

Je m'exerce à mon rythme

+EXOS

1 Reformule la règle.
Des mots de sens opposés sont des mots … .
Parfois ce sont des mots … , parfois ce sont des mots de la … .

Reconnaître des mots contraires

COLLECTIF

2 Recopie ensemble les couples de mots contraires.
pauvre • joli • arriver • aimer • sortir • impossible • vilain • détester • poli • entrer • riche • impoli • partir • possible

3 Recopie en remplaçant le mot souligné par son contraire.

* • s'éveiller doucement (*s'endormir/se lever*)
• l'autorisation de sortir (*la permission/l'interdiction*)
• le début du livre (*la fin/le milieu*)

** rit – décolle – ferme – la chaleur – le soir – le jour
• Le marchand colle les étiquettes.
• Les soldats supportent le froid.
• Bébé pleure souvent la nuit.
• Sabrina ouvre les volets le matin.

4 **Recopie en remplaçant chaque adjectif souligné par son contraire.**

* • un gentil chien (*méchant/grand*) • un homme poli (*fort/impoli*)
• une réponse exacte (*juste/fausse*) • un vase fragile (*solide/transparent*)

** **maigre – mécontente – inconfortable – réveillé – triste – petit – belle**
• Ce canapé est confortable. • Notre maîtresse est contente et joyeuse.
• Le grand tigre est endormi. • La sorcière est grosse et laide.

Trouver des mots contraires

COLLECTIF

5 **En utilisant les étiquettes, construis des mots contraires à partir des mots proposés.**

dé- in- im- mal-

possible • coller • connu • charger • discret • prudent • honnête

6 **Recopie en remplaçant chaque mot souligné par son contraire.**

* **l'ouverture – avancer – maladroit – humide**
un temps sec • la fermeture de l'école • reculer la voiture • un enfant adroit

** • Ce bâtiment est ancien. • La vieille femme est gentille.
• Léa déteste les épinards. • Ce petit loup est apprivoisé.

7 **Recopie en remplaçant chaque verbe par son contraire.**

* descendre les escaliers • coudre un bouton • sortir par la porte

** • Le joueur gagne la partie. • Lucas range ses jouets.
• Le chien enterre son os. • Papa a trouvé la clé du grenier.

Je repère dans un texte

8 **Lis ce texte. Recopie les deux couples de mots contraires.**
Puis essaie de trouver les contraires de « petit » et de « habile ».

Tibili est un petit bonhomme de six ans qui rit du matin au soir. Il rirait même la nuit, s'il ne tombait pas de sommeil, tellement il court et joue toute la journée !

Il ne s'arrête guère que pour manger ou pour faire les petites tresses de sa sœur, Kablé, parce que ses petits doigts sont très habiles et que sa sœur est très coquette.

Marie LÉONARD, *Tibili ou le petit garçon qui ne voulait pas aller à l'école*, Éd. Mango.

J'écris

9 **Décris cette illustration en utilisant des mots de sens contraire.**

Les synonymes

Le mot du jour
savourer
Faire émerger la définition.
Employer ce mot dans une phrase.

Je cherche

a. Que disent les jumeaux ? Leurs paroles ont-elles le même sens ?

b. Trouve les couples de mots qui ont presque le même sens.

c. Toi aussi, essaie de dire une phrase qui a le même sens.
Parmi les mots suivants, choisis ceux qui conviennent :
ce légume – ce sablé – fameux – sucré – déguste – prépare

J'apprends

Des mots qui ont presque le **même sens** sont des **synonymes**.
le début / le commencement • beau / magnifique • crier / hurler

Je m'exerce à mon rythme

+EXOS

1 Reformule la règle.
Des mots qui ont presque le même sens sont des … .

Reconnaître des synonymes

COLLECTIF
2 Trouve le synonyme de chaque mot en bleu parmi les mots proposés.

• amusant • bavarder
• la figure • les souliers

triste parler la tête les habits
les chaussures crier le visage drôle

3 Associe chaque mot de la liste 1 à son synonyme de la liste 2.

* 1. une marmite • stupide • vrai • un navire • souper
2. un bateau • dîner • une casserole • juste • idiot

** 1. sangloter • la crainte • l'autorisation • un refuge • vilain
2. la peur • affreux • un abri • pleurer • la permission

4 **Recopie en remplaçant chaque mot souligné par son synonyme.**

*
- une voiture récente (*neuve/brillante*)
- hurler de douleur (*taper/crier*)
- un pull fin (*tricoté/léger*)
- éplucher une pomme (*peler/manger*)

**
- Le tigre du cirque est bien dressé. (*enfermé/dompté*)
- Grand-père plante des légumes dans son potager. (*jardin/potage*)
- Tu n'as aucune faute à la dictée ! (*note/erreur*)
- Ce récit est vrai. (*exact/intéressant*)

Utiliser des synonymes

COLLECTIF

5 **Lis ces phrases. Construis des phrases qui veulent dire la même chose à l'aide des mots proposés.**
- Les enfants se chamaillent tout le temps.
- Lily regarde cet habit ravissant.

magnifique | se disputent | ce vêtement | admire | constamment

6 **Recopie en remplaçant le verbe fait par le synonyme qui convient.**

* produit – lave – mesure – cuisine
- Le chef fait un repas délicieux.
- Julie fait la lessive.
- Cette flûte fait un son léger.
- La piste fait 50 mètres.

**
- Le maçon fait une maison.
- Grand-mère fait une tarte.
- Le menuisier fait des meubles en bois.
- Cette valise fait au moins 10 kilos.

7 **Cherche un synonyme des mots soulignés. Tu peux t'aider du dictionnaire.**

* minuscule • déguster • une boutique • charmant • une caverne

**
- Soufiane met son manteau.
- Je range les pulls dans l'armoire.
- Le loup dévore la brebis.
- Ce château est très ancien.

Je repère dans un texte

8 **Lis ce texte. Retrouve et recopie le synonyme de chaque mot souligné.**

Quand quelqu'un s'approchait du château fort, le gros seigneur criait de sa grosse voix : « QUI VA LÀ ? » Si c'était un ennemi, il tirait son épée, il l'attaquait, l'assommait, le poignardait, il le tuait.

Si ce n'était pas un ennemi, le grand, gros seigneur tirait… son jeu de cartes de sa poche et ils jouaient à la bataille ! Si l'invité perdait, le gros seigneur l'aplatissait, l'écrabouillait, le ruinait, l'anéantissait.

Jo HOESTLANDT, *Le château fort et le château faible*, D.R.

J'écris

9 **Aide Karine à écrire deux cartes de vœux à ses deux grands-mères. Utilise des synonymes pour ne pas répéter deux fois la même chose.**

Pour t'aider : mamie/grand-mère, espérer/souhaiter…

Les différents sens d'un mot

Le mot du jour

un renseignement
Faire émerger la définition.
Employer ce mot dans des phrases.
Trouver le verbe correspondant.

> **guide** nom masculin et féminin
> **1.** Un guide, une guide, c'est quelqu'un qui accompagne des personnes pour leur montrer un endroit et leur donner des explications sur ce qu'elles voient.
> **2.** Un guide, c'est un livre qui donne des renseignements sur une région, un pays et que l'on utilise quand on voyage.

Je cherche + Matériel

a. **Lis l'article de dictionnaire. Combien de sens a le mot guide ? Comment est-ce indiqué ?**

b. **Lis les phrases suivantes :**

- *Maman a acheté un guide pour visiter la Suisse.*
- *La guide nous a fait visiter le château.*

Associe chaque phrase au sens du mot guide qui convient. Qu'est-ce qui t'a aidé à choisir ?

J'apprends

- Certains mots ont **plusieurs sens**.
  Sacha ***souffle*** *ses bougies d'anniversaire.* → *souffler = éteindre*
  Julie ***souffle*** la réponse à son voisin. → souffler = donner en cachette
  On trouve le sens des mots en s'aidant des autres mots de la phrase.
- Dans le **dictionnaire**, chaque sens est **numéroté** et accompagné d'une **définition**, avec parfois un **exemple**.

Je m'exerce à mon rythme + EXOS

1 **Reformule la règle.**
Un mot peut avoir … sens.
On peut trouver les sens d'un mot en cherchant dans le … .

Utiliser le dictionnaire pour connaître le sens d'un mot

2 COLLECTIF **Lis cet article de dictionnaire, puis réponds aux questions.**

> **casser** verbe
> **1.** *Alan a cassé un verre,* il l'a mis en mille morceaux en le laissant tomber.
> **2.** *Ma montre est cassée,* elle ne marche plus.

a. Combien de sens a le verbe « casser » ?

b. Quelles sont les définitions ? Où est chaque définition ?

c. Où sont les exemples pour chaque définition ?

3 **Dans ton dictionnaire, cherche les sens des mots suivants. Puis recopie-les.**

* piste • morceau • bise • carte

** élever • partir • verre • tête

4 **Lis chaque phrase. Dans ton dictionnaire, cherche l'autre sens du mot souligné. Recopie-le.**

* • Ton exercice est très dur. • Les phares de la voiture éclairent la route.

** • Julie et Léa sont sœurs jumelles. • Le chêne a perdu toutes ses feuilles.

Trouver et utiliser des mots à plusieurs sens

COLLECTIF

5 **Trouve le mot qui correspond à chaque couple de dessins. Puis écris une phrase pour chacun de ses sens.**

6 **Trouve la réponse aux devinettes.**

* une glace - une ampoule

a. On l'allume pour éclairer. / On en a aux pieds à cause de chaussures neuves.

b. On se voit dedans. / On s'en régale l'été.

** **c.** Elle te sert à tracer des traits. / Il faut l'apprendre pour ne pas faire d'erreur.

d. Objet pointu avec lequel on coud. / À deux, elles indiquent l'heure.

7 **Recopie et complète chaque couple de phrases avec le même mot.**

* **a.** Julien met la … . / Connais-tu la … de multiplication de 5 ?

b. La dame a une … de 1 €. / Il y a trois … dans cet appartement.

** **c.** Il faut une … pour faire fonctionner ce jeu. / Il y a une … de livres sur le bureau.

d. Il joue un … de musique. / Veux-tu un … de pain ?

Je repère dans un texte

8 **Lis ce texte. Quel est le sens de se marier dans la première phrase : 1. épouser quelqu'un. 2. associer des choses qui vont ensemble.**

Sans doute le plus vieil instrument du monde, la flûte a une histoire qui se marie avec celle de l'air et du vent. Est-ce pour imiter le chant du vent dans un os creux ou dans un roseau que l'homme a inventé la flûte ? Mystère. Toujours est-il qu'à toutes les époques, on s'est servi de l'air pour faire de la musique : le vent du ciel comme le souffle de l'homme.

Gérard MONCOMBLE, *Octave et sa flûte*, Bordas Jeunesse.

J'écris

9 **Écris une petite histoire en t'inspirant de l'illustration. Utilise les deux sens du mot « éclair ».**

Révisions

L'ordre alphabétique (1)

1 **Complète chaque série de lettres.**

- ... - W - ... - Y
- c - d - ... - ...
- o - p - ... - ...
- ... - I - ... - K - ...

2 **Récris chaque série de lettres en les classant dans l'ordre alphabétique.**

- e - g - f - j - i - h
- U - X - L - B - D
- I - A - L - G - Q
- m - g - n - o - z

L'ordre alphabétique (2)

3 **Classe ces mots dans l'ordre alphabétique.**
nuage – abricot – journée – xylophone – biberon – papier

4 **Classe chaque série de mots dans l'ordre alphabétique.**
a. avalanche – abriter – aussitôt – adulte – amitié – algue
b. injure – information – inquiétude – ingénieur – indice – incendie

Se repérer dans le dictionnaire

5 **Recopie chaque mot avec les MOTS REPÈRES qui lui correspondent.**

a.
- chèvre •   • FER – FEUILLAGE
- festin •   • CHAPITEAU – CHOU
- geler •   • MATCH – MÉCHANCETÉ
- mazout •   • GÉANT – GÉNIE

b.
- faim •   • DÉBUT – DÉNONCER
- demi •   • DENT – DÉRANGER
- fatigué •   • FAMILIER – FAUFILER
- depuis •   • FACILE – FAMILIAL

6 **Recopie chaque liste et barre les intrus qui se sont glissés entre les MOTS REPÈRES.**

FER	FEUILLAGE
fermer – malin – fermeture – fessée – éclat – fête	

HABITUDE	HANCHE
hamac – hâte – haleine – haïr – hache	

7 **Cherche ces mots dans ton dictionnaire, puis écris :**
– le mot qui vient juste avant,
– le mot qui vient juste après.

- ... - câble - ...
- ... - vache - ...
- ... - unique - ...
- ... - jus - ...
- ... - égal - ...
- ... - dentelle - ...

Lire un article de dictionnaire

8 **Lis ces articles de dictionnaire. Recopie :**
– en rouge chaque définition,
– en bleu chaque phrase d'exemple.

> **démouler** verbe
> Démouler, c'est enlever du moule.
> *Maman démoule la tarte aux pommes.*

> **escabeau** nom masculin
> Un escabeau, c'est une petite échelle.
> *Maman monte sur l'escabeau pour décrocher les rideaux.*
> *Au pluriel : des escabeaux.*

Les familles de mots

9 Recopie chaque famille de mots et barre l'intrus.
- grandir – grandeur – gronder – grande
- dévisser – vissage – visser – visage
- baignoire – beignet – bain – baigner

10 Pour chaque mot, trouve deux mots de la même famille.
• chant • saut • rêve • patin • long

Les contraires

11 Recopie chaque mot avec son contraire.

le bonheur •	• malhonnête
avancer •	• obéissant
désobéissant •	• reculer
colorer •	• le malheur
honnête •	• décolorer

12 Recopie en remplaçant chaque mot souligné par son contraire.
- Mon chat est <u>jeune</u>.
- C'est <u>la fin</u> de l'année.
- Marion <u>découd</u> l'ourlet de son manteau.
- Ce calcul est <u>exact</u>.

Les synonymes

13 Recopie chaque liste de synonymes et barre l'intrus.
- parler – bavarder – dire – écouter
- grand – immense – modeste – énorme
- manger – boire – grignoter – dévorer
- magnifique – ravissant – laid – superbe

14 Trouve un synonyme pour chaque mot.
• un vêtement • malin • stupide
• minuscule • adorer • s'enfuir

Les différents sens d'un mot

15 Recopie et complète chaque couple de phrases avec le même mot.

a. Il a vu un beau ... au cinéma. / Il recouvre le plat d'un ... plastique.

b. Marina ... à la poupée. / Éric ... très bien de la guitare.

c. Paul a reçu une ... de sa grand-mère. / Il y a 26 ... dans l'alphabet.

16 Lis cet article de dictionnaire, puis réponds aux questions.

> **barre** nom féminin
> **1.** Une barre de fer, c'est un morceau de fer allongé et droit.
> **2.** Une barre, c'est un trait allongé.
> *N'oublie pas la barre du t quand tu écris.*

© *Dictionnaire Le Robert benjamin 6-8 ans*, Le Robert.

a. Quelle est la nature du mot « barre » ?

b. Combien de sens a ce mot ?

c. Recopie la définition du sens n° 2.

d. Y a-t-il un exemple avec le sens n° 1 ?

Mots invariables

à	combien	là	près
ailleurs	comment	loin	presque
ainsi	dans	longtemps	puis
alors	dehors	lorsque	quand
après	déjà	maintenant	quoi
assez	demain	mais	rien
aujourd'hui	depuis	mieux	sans
aussi	derrière	moins	seulement
aussitôt	dessus	parce que	sous
autour	devant	parfois	souvent
autrefois	donc	pendant	sur
avant	encore	peu	tard
avec	ensuite	plus	tôt
beaucoup	entre	plusieurs	toujours
bientôt	hier	plutôt	très
cela	ici	pour	trop
chez	jamais	pourquoi	

Crédits iconographiques

13 Bayerischee Staatsgemäldesammlungen, Neue Pinakothek, Munich, Ph. © BPK, Berlin, Dist. RMN / image BStGS • **21** Ph. Simone van den Berg / Fotolia • **22 de g à d** Ph. John Sandoy, Laurentchrista / Fotolia • **25** Ph. © Steve Bardens / Offside / PRESSE-SPORTS • **26** Ph. © Wildlife / ANDIA PRESSE • **31** Ph. © Bruno Morandi / HEMIS • **32** Ph. Crisod / Fotolia • **42** Ph. Cathy Keifer / Fotolia • **49** Ph. Goodluz / Fotolia • **55** Ph. © Alan Carey / BSIP • **57** Ph. Corinne Bertholimo / Fotolia • **58** Ph. © Ludovic Maisant / HEMIS • **60** Ph. © Christian Morel / MEDIA ACCESS • **63** Ph. © Lived In / HEMIS • **65** BIS / Ph.Volodymyr Krasyuk • **67** Fontaine Stravinsky.» L'oiseau de feu «de Niky de Saint-Phalle Ph. © Steve Vidler Imagestate / LEEMAGE • © Adagp, Paris 2012 • **68** Ph. Moodboard Premium / Fotolia • **69** BIS / Ph. H. Josse © Archives Larbor • **70** Ph. © Wolfgang Krammisch / SIME / PHOTONONSTOP • **72** Ph. © Bertrand Gardel / HEMIS • **73** Ph. © Jon Arnold / HEMIS • **86** Ph. Foodlovers / Fotolia • **91** Ph. © O. Dimier / Altopress / ANDIA PRESSE • **93** Geneviève Peyrade «Le Banquet de noce», 1973 BIS / Ph. Michel Didier / Collection Archives Larbor-DR • **96** Ph. © Bertrand Rieger / HEMIS • **101** PhOmitolog82 / iStock • **102** Ph. AustralianDream / Fotolia • **108** Ph© Michael Prince / Flirt /PHOTONONSTOP • **121** Ph. Ella / Fotolia • **127** Ph. Ben Twist / Fotolia • **129 g** Ph. Blend Images/ Fotolia • **129 d** Ph. © Gilles Rolle / REA / T • **131** BIS / Ph. Hubert Josse © Archives Bordas © Adagp Paris 2012 • **137** Ph. © Sotheby ' s / AKG • © Adagp, Paris 2012 • **141** BIS / Ph. Eileen Tweedy © Archives Larbor • **142** Ph. Acik /Fotolia • **143 ht** Ph. Eric Isselée / Fotolia • **143 bas** Ph. creAtive / Fotolia • **151 g** BIS / Ph. Pirita • **151 m** Ph. Eric Isselée, Lipowski / Fotolia • **151 d** BIS / Ph. Vaida • **155** Ph. Eric Isselée / Fotolia • **159** Ph. © Nicolas Thibaut / PHOTONONSTOP

N° d'éditeur : 10209127 - Dépôt légal : Juillet 2014
Imprimé en Italie par Bona SpA

Tableaux de conjugaison

FAIRE

INDICATIF								
présent		**futur**		**passé composé**			**imparfait**	
je	**fais**	je	**ferai**	j'	**ai**	**fait**	je	**faisais**
tu	**fais**	tu	**feras**	tu	**as**	**fait**	tu	**faisais**
il, elle, on	**fait**	il, elle, on	**fera**	il, elle, on	**a**	**fait**	il, elle, on	**faisait**
nous	**faisons**	nous	**ferons**	nous	**avons**	**fait**	nous	**faisions**
vous	**faites**	vous	**ferez**	vous	**avez**	**fait**	vous	**faisiez**
ils, elles	**font**	ils, elles	**feront**	ils, elles	**ont**	**fait**	ils, elles	**faisaient**

DIRE

INDICATIF								
présent		**futur**		**passé composé**			**imparfait**	
je	**dis**	je	**dirai**	j'	**ai**	**dit**	je	**disais**
tu	**dis**	tu	**diras**	tu	**as**	**dit**	tu	**disais**
il, elle, on	**dit**	il, elle, on	**dira**	il, elle, on	**a**	**dit**	il, elle, on	**disait**
nous	**disons**	nous	**dirons**	nous	**avons**	**dit**	nous	**disions**
vous	**dites**	vous	**direz**	vous	**avez**	**dit**	vous	**disiez**
ils, elles	**disent**	ils, elles	**diront**	ils, elles	**ont**	**dit**	ils, elles	**disaient**

VENIR

INDICATIF								
présent		**futur**		**passé composé**			**imparfait**	
je	**viens**	je	**viendrai**	je	**suis**	**venu(e)**	je	**venais**
tu	**viens**	tu	**viendras**	tu	**es**	**venu(e)**	tu	**venais**
il, elle, on	**vient**	il, elle, on	**viendra**	il, elle, on	**est**	**venu(e)**	il, elle, on	**venait**
nous	**venons**	nous	**viendrons**	nous	**sommes**	**venu(e)s**	nous	**venions**
vous	**venez**	vous	**viendrez**	vous	**êtes**	**venu(e)s**	vous	**veniez**
ils, elles	**viennent**	ils, elles	**viendront**	ils, elles	**sont**	**venu(e)s**	ils, elles	**venaient**

ALLER

INDICATIF								
présent		**futur**		**passé composé**			**imparfait**	
je	**vais**	j'	**irai**	je	**suis**	**allé(e)**	j'	**allais**
tu	**vas**	tu	**iras**	tu	**es**	**allé(e)**	tu	**allais**
il, elle, on	**va**	il, elle, on	**ira**	il, elle, on	**est**	**allé(e)**	il, elle, on	**allait**
nous	**allons**	nous	**irons**	nous	**sommes**	**allé(e)s**	nous	**allions**
vous	**allez**	vous	**irez**	vous	**êtes**	**allé(e)s**	vous	**alliez**
ils, elles	**vont**	ils, elles	**iront**	ils, elles	**sont**	**allé(e)s**	ils, elles	**allaient**